| 刘哲作品 |

心悦诚服

刘哲　著

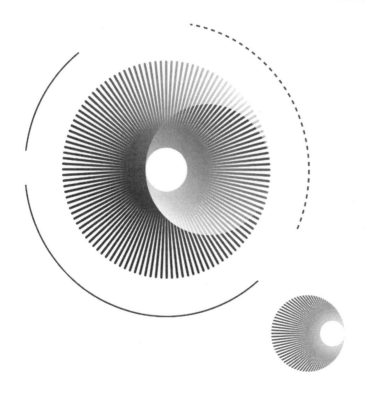

清华大学出版社
北京

本书封面贴有清华大学出版社防伪标签,无标签者不得销售。
版权所有,侵权必究。举报:010-62782989,beiqinquan@tup.tsinghua.edu.cn。

图书在版编目(CIP)数据

心悦诚服 / 刘哲著. -- 北京:清华大学出版社, 2025.4.
(刘哲作品). -- ISBN 978-7-302-69143-3
Ⅰ. D926.3
中国国家版本馆CIP数据核字第2025JV2535号

责任编辑:刘　晶
封面设计:徐　超
责任校对:王荣静
责任印制:杨　艳

出版发行:清华大学出版社
　　　　网　　址:https://www.tup.com.cn,https://www.wqxuetang.com
　　　　地　　址:北京清华大学学研大厦A座　邮　编:100084
　　　　社 总 机:010-83470000　　　邮　购:010-62786544
　　　　投稿与读者服务:010-62776969,c-service@tup.tsinghua.edu.cn
　　　　质 量 反 馈:010-62772015,zhiliang@tup.tsinghua.edu.cn
印 装 者:三河市东方印刷有限公司
经　　销:全国新华书店
开　　本:145mm×210mm　　印　张:8.375　字　数:158千字
版　　次:2025年6月第1版　　印　次:2025年6月第1次印刷
定　　价:69.80元

产品编号:111454-01

作者简介

刘哲，北京市人民检察院首批入额检察官，2021年入选全国检察机关普通犯罪检察人才库，最高人民检察院确定的首批"检察实务专家进校园"师资人员，曾办理山西溃坝案、上诉不加刑审判监督程序抗诉案，设计并组织研发刑事公诉出庭能力培养平台。起草的《北京市人民检察院关于公诉案件起诉书制作的规范意见（试行）》被最高人民检察院全文转发；组织设计的捕诉一体和认罪认罚版审查报告模板被最高人民检察院推广，纳入统一办案系统2.0文书模板库；撰写的出庭意见书获评2022年度全国检察机关刑事检察优秀释法说理法律文书。受邀在全国检察机关第十期、第十一期优秀公诉人高级研修班，全军检察机关公诉工作会议暨新修改《刑诉法》培训班，全国公安机关打击药品安全犯罪专题培训班，全国法院检察院量刑规范与量刑建议同堂培训班，辽宁、河北、山西、江苏、广东、贵州、海南等省级检察机关，中国人民大学、中国政法大学等高校围绕刑事检察相关内容授课。提出"你办的不是案子，而是别人的人生"的理念被电影《第二十条》采用。

著有《检察再出发》《你办的不是案子,而是别人的人生》《法治无禁区》《司法观》《法律职业的选择》《司法的趋势》《司法的长期主义》《认罪认罚50讲》《正义感》《司法与责任》《司法观·日知录》《法律人的同理心》《轻罪治理50讲》《法律不是冰冷的逻辑,而是公道自在人心》等。

真正的满意是系统性的

最近几年,我们特别强调案件的效果,也就是想让各方面都满意,而且是发自内心的满意。

有一个成语特别适合描述这个目标,那就是:心悦诚服。说的就是人们由衷高兴,真心满意。

其实这非常难。让一个特定的人心悦诚服就已经很难了,更何况司法面对的是不特定的人。这里包括当事人及其家属,也包括诉讼活动的各方参与主体,还包括关注案件、关注司法的广大公众。他们真正满意了,才会产生司法公信力,进而培养公众对司法的信赖,从而形成对法律的信仰。

之前说过,我们办的不是案子,而是别人的人生,这引发了一些共鸣,说明很多人对这种司法观念是认同的。

法律不是冰冷的逻辑,而是公道自在人心,表达的又是更深层次的意思。那就是人们的心中、国民的普遍观念中蕴含着常识常情常理。只有尊重这些常识常情常理,而不是机械适用法律,才可能赢得最大多数人的认同,才可能实现最大多数人的心悦诚服。

虽然我们很难让一个特定的人完全满意，但我们可以让尽量多的人最大限度地满意，这些人就是公众。公众的心中秉持着公道，秉持着法律的伦理基础，它们又蕴含着公平正义本身。

公平正义本身并不抽象，它是具体的，是我们可以感受得到的。它就在我们身边，就在我们过往的经历、文化习俗和伦理道德之中，它是藏在我们骨子里的东西。

只要出于良知，出于公心，善于倾听，公平正义不难获得。

如果只是机械地适用法律，功利地完成特定目标，反倒让人无法心服口服。

谈心悦诚服的时候，不是苛责于每个案件都办得完美无缺，完全没有上诉申诉，而是强调能够经得起推敲，能够经得起良心上的拷问。

这种不是对个别人、个别地区的期待，而是对司法整体的期待。

司法输出的产品并不只是判决，而是公正的氛围和环境。

这个氛围和环境就体现在人们可以信赖司法，这个信赖应该时时处处的，遍布生活的每个角落。

我们自己、家人和朋友也不知道什么时候会碰上事儿，不知道这些事儿发生的具体的时间、地点。

我们希望在任何时间、任何地点的司法系统都能够有公正可期待。

可以说，对司法的真正满意一定是系统性的，而不是偶然、个别的评价。

这个系统性的满意也一定是植根于司法系统的改进完善，包括程序、态度、责任机制、运行模式、环境氛围、人员素质，等等。

只有拥有让人心悦诚服的司法官，才能办出让人心悦诚服的案件。

也可以说，只有具备让人心悦诚服的制度环境，才有可能培养出更多让人心悦诚服的司法官。

必须强调的是，我们讲的心悦诚服不是针对特定人的，而是大多数人的心悦诚服。

大多数人满意，个别人不满意，并不等于案件质效不高。因此，评价案件的标准应该是以大多数人的标准为导向，这样才能符合满意的系统性标准。

虽然无法做到让每个人都满意，但也要关注利益相关方的合理诉求和特别诉求，对利益相关方的特别关切尽量有所回应，从而尽量使其满意；或者说尽到我们的最大努力，让利益相关方最大程度地能够理解，避免产生误解。

心理疏导和释法说理虽然要耗费不少精力，但打开心结也是心悦诚服的应有之义。

这就要求我们的司法程序更加公开透明，并且带有温度，而且还要保有耐心。只有系统性地优化，才能实现整体的目标，也才可能逐步实现系统性的满意,才能最终做到心悦诚服。

因为司法行业具有不可分割的整体性。

刘哲

2025年元月于西直门

目　录

第一章　释法　/ 001

怎么让人心悦诚服？　/ 002
天理、国法、人情如何统一　/ 008
错误与不当　/ 012
谅解　/ 017
情绪　/ 023
愤怒就能解决问题了？　/ 027
办案子不是做数学题　/ 032
交流　/ 037
有罪推定与无罪推定　/ 041

第二章　说理　/ 047

如何体现法律文书的说理性　/ 048
不要迷信模版　/ 052
违心的案件怎么说理？　/ 056

通俗与规范的平衡 / 061

汇报的时候如何说服 / 065

不硬说 / 069

狡辩 / 075

警惕顺便汇报 / 081

为什么开始重视出庭？ / 085

庭审变卦怎么办？ / 090

谁说庭下的证言才是最真实的 / 097

不要迷信算法 / 102

第三章 感受 / 109

什么是好的效果？ / 110

情绪价值 / 117

当命案不让退补 / 121

反对效率至上 / 126

不说话，就是好人了吗？ / 130

连锁反应 / 135

成见 / 139

利益与信服 / 142

第四章　环境 / 147

法律职业的未来 / 148

职业的成长性 / 155

司法官的职业教育 / 159

环境的塑造作用 / 164

交不出去的案子 / 168

工作中的"巨婴"行为 / 172

人工智能与法律职业 / 178

第五章　熏陶 / 187

发展焦虑 / 188

多目标陷阱 / 193

专注力 / 197

刚上班 / 202

第一份工作 / 208

每天都在干什么？ / 212

无用之用 / 217

读书心得 / 222

理想最重要 / 227

相信相信的力量 / 232

养育本身就是最大的收获 / 238

当命运把我们逼到角落 / 244

雪 / 250

后记 / 253

第一章 释法

怎么让人心悦诚服？

我们的预期是，在这个稳定高效的体制之中，你在任何环节接触到的任何人都是可信赖的。

司法难，难就难在它是一种冲突的艺术，冲突就最容易产生零和的博弈效果。

常常是非此即彼：要么是被害人满意，要么是嫌疑人满意。想要双方都满意，很难。也有的时候，是双方都不满意。还有的时候，连关切案件的公众也不满意。

都不满意，显然不能说案件的处理是公正的。当然了，公正也不是简单的满意不满意的事。公正应该有一套相对客观的标准，而不是全凭主观感受打分。

对于嫌疑人和被告人，因为其自身利益面临损失，难以要求其一边被判刑，一边还对司法表示满意。否则就是对嫌疑人和被告人要求太高了，就是强人所难了，这要求他们具备不计个人得失的超然心态。

这也是警察、检察官、法官并不随时要求对方对自己的

"服务"做满意度评价的原因，司法质量的任何评价机制都没有要求"嫌疑人、被告人说行才算行"。

那是不是被害人的话语权可以更大一些？毕竟他们是利益受损害方，他们只是要讨回公道，这好像没有什么可以指摘的。

但是有一个问题，我们需要考虑。被害人往往急于要个结果，有时候会忽视结果的准确性——人们在愤怒面前容易失去理智。

比如抓到的这个嫌疑人，未必就是真正的罪犯，有可能就是抓错了，可能证据存疑起诉不了，也就是还达不到起诉的标准。

做不起诉的时候，被害人一般就急了，他们会质疑：谁让你把人放了的？那我不是白挨打了，白被骗了吗？这背后一定有猫腻儿！

那么，起诉的证据标准到底是什么？

一般的被害人很难理解，他们只看钱要回来没有，他们受的损失总该有人来承担责任。

他们也很难理解诉讼程序中，起诉不了这个人，还可以继续侦查，还可以起诉别人。只是这个周期太长，他们觉得不起诉就意味着不管他们的事了，他们的损失就无人问津了。

不起诉的决定要想被被害人理解，就要让他们明白，不是没人管他们了，案件还在继续侦查。是真的在侦查，不是敷衍他们。

这就必须有制度性的安排，有环节上的衔接，让被害人在案件暂时处理不了的情况下，不至于对司法失去信心从而产生焦虑的情绪。

这显然不是检察机关一家的事，也不是检察官一个人的事，更不是简单的释法说理能够解决的，这需要负责到底的体系安排。

所以，心悦诚服不仅要有动听的言语、耐心的态度，还包括制度性的追踪安排，这是整套司法的可信赖感。

就比如顺丰速运，很多人认为其相对可靠，并不只是因为个别快递员的态度好，而是它的整个系统的可追踪性、可沟通性、可处理性等比较强。

真正的满意一定是系统性的，而不是局部的。局部是偶然的，只有系统才是长期的、稳定的、可靠的。

因此，我们的预期不仅是个别司法官的耐心和和蔼可亲，而是整个体制的稳定高效。在这个稳定高效的体制之中，在任何一个环节接触到的任何人都是可信赖的，不会因为地域、层级、部门的不同产生预期之外的变化。

比如，接待你的人态度很好，但是办案的人就是不干活，你也还是无法接受。或者，办案的人干活了，但是他们亲历性的审查意见无法得到批准，也就不可能获得令人满意的结论。

对于案件质量的评价，除了当事人的感受之外，公众的态度也很重要。但是公众有时候并不了解案件的真相。

大多数情况下，公布真相其实可以让公众满意，但在有些情况下，司法官又不能随意发声、不能随意阐述真相。

那真相就会从其他渠道被阐述，比如辩护人、旁听人员、被告人和被害人的亲属以及其他知情者的阐述。

但这些人对案情的了解可能并不全面，他们只是从他们这个侧面对案件进行解读。这个信息并不全面的解读，显然不能反映案件全貌，也就难以产生客观公允的评价结果，容易对公众产生误导。

公众一旦被误导就很难被纠正。如果在这种情况下，公众不满意，又能怪谁呢？

怪那些被困住手脚的司法官？怪那些困住他们手脚的人？

司法官们也有自己的担心，担心自己对案件信息的纰漏可能带来舆论的负面影响，也就是他们不确定公众对真相的承受力。

司法官只给出一些非常概括的事实，但是公众当然地对案件的细节更感兴趣。媒体也非常了解这种基本的传播规律，因此一定要在观众关注的兴头上深挖案件的细节信息。

负责任的媒体一般可以花费功夫尽量获取比较全面的信息，但也有些媒体未必能下那么大功夫核实调查原始证据和事实，往往会通过一些片面的信息源获取到偏听偏信的结果。

这样一来，虽然有些报道看起来有细节和事实，但这很可能是不全面的，是断章取义的。

想让人心服口服，没有客观全面、有血有肉的事实是很难的。因此，司法机关对案件信息的披露制度是让人心悦诚服的重要的制度性安排。

让公众了解事实全貌，他们自然可以作出判断。如果此时他们还不满意，那有可能就是我们的工作不到位。

但是如果我们工作做到位了，即使案件的处理只能如此，公众也还是可以接受，因为任何人通过事实和证据都可以得出大致的结论——这是在信息得到全面披露的前提下。

最怕的就是，信息披露过少，甚至披露假的证据和事实，这就会产生阴谋论的怀疑从而遭受长期质疑，很难翻身。

再说到嫌疑人和被告人，什么样的制度性安排能够让他们满意呢？

我觉得没有任何制度能够保证让嫌疑人和被告人彻底满意，因为很多人都不愿意承认自己犯下的错误。

他们明知自己铸成大错，但就是不愿意面对自我。此时，司法官的态度再怎么好可能都无济于事。

我想说的是，我们并不是要求他们全部满意。我们只要求那些正直的嫌疑人、被告人满意就够了。

以正直的嫌疑人、被告人的心理预期为基础，怎么设计让他们满意的制度？

我觉得最重要的就是程序正义，也就是尽量保证程序完整，权利保障到位。比如保证他们的充分表达，程序公开透明，让他们在程序上挑不出瑕疵。

　　之所以强调程序正义,是因为实体结果有一个主观判断的问题。相比之下程序更加刚性,能看得见摸得着。这些程序保障都到位的话,也会使得实体裁量确保在一个相对公正的幅度内。由程序正义保障的公正环境为实体公正奠定了基础。这种环境下产生的正义,也就更加容易让被告人接受。所以才说程序正义是让被告人心悦诚服的基本诉讼制度保障。

　　有了好的制度,好的态度、好的过程、好的结果才会有切切实实的保障。

　　心悦诚服,真正服的是好的司法体制。

天理、国法、人情如何统一

司法能动的目标就是善治。有些时候，指导性案例与过去的判决不一致，是因为它蕴含了时代的智慧。

我们往往将天理、国法、人情的有机统一作为司法的至高境界。

但是这个境界如何实现，三者如何统一？我想这个统一应该是有一些具体的操作方式的。

我之前分析过，天理接近于习惯法，或者是法律的伦理基础，有时候也可以说是公众朴素的正义感。而国法其实不限于国家法律，还包括与之配套的各类司法解释和规范性文件，更加广义的还可以包括刑事政策。至于人情，往往是案件中所反映的犯罪原因和犯罪情景，是情有可原的情，不是徇私情的情。

这三者的融合，宏观上就是良法善治。

良法首先是立法要科学，要能够充分地反映天理。我相信这也是立法者努力的方向。

但是必须承认的是，法律具有滞后性，社会发展太快了，在这种背景下，天理并不是亘古不变的，而是随着社会的发展在不断变化。

就想想我们今天的思想观念和三十年前一样吗？类推地想，三十年前的"天理"和现在的"天理"一样吗？

一定有一些长期稳定的伦理观念是不会轻易改变的；但也还有一些伦理基础和道德观念是必定随着社会的发展而变化的。

如果这些作为法律基础的观念已经发展了变化，但是法律规定还没有及时修改，那它就会不合时宜，这就很难再称为良法了。此时天理与国法的统一，就需要国法与不断发展变化的天理相适应。

天理秉承了自然演化规则，而法律更多的是人为建构，二者之间可以尽量契合，但是无法做到无缝衔接。尤其是在二者都不断演进的情况下，如果不能动态调整，它们的契合度就很有可能降低。

这就不是一一对应的适应性问题了，而是需要体系性的适应。近年来，法典化的目的也是寻找体系性的契合，一部法律修改，其他相关法律联动修改，也是在注意这种体系性的契合度。

但是从动态性上来说，二者仍然在特定时刻存在一定的不适应性，这就是暂时性的良法缺失。在良法缺失的情况下，过分机械地执行适应性欠缺的法律，就会产生机械执法问题。

此时就需要发挥司法的能动作用，而且能动的目标就是善治。

发现了法律的不适应性，就有必要在执法过程中进行调整，通过解释和适用法律来最大程度地校正这种不适应性。

但是无论如何，这种校正都不是立法意义上的校正，毕竟司法不能完全代替立法发挥作用，但可以作为补充。

比如典型案例制度和指导性案例制度，它们往往能够体现微观的法律规则，属于法律的微创新，这些微创新的功能可能是法律条文所不具备的，也可能是与法律条文不完全一致的校正。

也就是这条法律这样解释可能更好一些，这种"更好一些"的判断规则与以往的裁决结果不一致，但它符合潮流和趋势，因此才具备了指导意义。如果与此前的判决完全一致，又谈什么指导意义呢？

因此，判例其实就是一种用天理来弥补国法的不足的方式。

判例与天理又有什么关系呢？

具有指导性的判例，带有一定的普遍性意义，可以广泛推开并能够被普遍接受，这个前提自然就是公众的价值观念和正义感。

如果与公众的价值观念和正义感相违背、相抵触，又怎么能够被普遍接受呢——尤其是与以往判例不一致的情况下。

既与法律不一致，又与公众的朴素的正义感不一致，还与以往的判决不一致，那不就是错案吗？

有些时候，指导性案例虽然与过去的类案判决不一致，但并不意味着它错，反而是因为它有时代的智慧。

这个智慧就是天理和国法有机的结合，在个案中的结合点和语境就是人情，也就是案件的具体情景。

我们说国法要不断地反映天理，才能保持良法的状态，司法要不断与天理相契合才能产生一个又一个的指导性案例。

有人也会质疑，这个案例既然是个别的，又怎么能说它蕴含着普遍性的意义呢？

那就要看这个案件的具体情景，深入到案件的发生原因和社会性背景，看看案件中个体的遭遇是否带有普遍性。

即使具体遭遇是个别的，但是司法的处理是不是符合新的习惯和观念？如果符合了新的习惯和观念，与新的法治需求相适应，那么其他类似的案件就可以照此办理。

虽然方式上与以往的判例不一致，但也没有什么好担心的，因为情势变更了，环境不一样了，处理方式自然就不一样。这个不一样是大胆的，也是应该的。

这也启示我们，天理、国法、人情相统一不是完全沿袭旧法，而是需要守正创新，需要与时俱进，需要敢于变通，需要发挥司法的创造性。

没有一成不变的统一，只有不断创新变化，不断与现实深入结合、与案情深入结合、与时代深入结合的统一。

时代性是天理、国法、人情相统一的永恒命题。

错误与不当

量刑情节是一种变量,量刑基础不同了,结果的变化就是自然而然的,跟谁错了或者不当没有关系。

二审改判,是不是就一定意味着一审错了?

不一定。

比如一审没有认罪认罚,但二审认罪认罚了,从而改判更为轻缓的刑罚。改判的依据就是《刑事诉讼法》第236条。

第二审人民法院对不服第一审判决的上诉、抗诉案件,经过审理后,应当按照下列情形分别处理:

(一)原判决认定事实和适用法律正确、量刑适当的,应当裁定驳回上诉或者抗诉,维持原判;

(二)原判决认定事实没有错误,但适用法律有错误,或者量刑不当的,应当改判;

(三)原判决事实不清楚或者证据不足的,可以在查清事实后改判;也可以裁定撤销原判,发回原审人民法院重新审判。

其中的第(二)项和第(三)项就是改判的依据。

在二审认罪认罚的情况下，案件的事实并没有不清楚，所以改判并不适用第（三）项，那就只有第（二）项。

但是有人认为第（二）项并不合适，因为一审并没有"适用法律有误"：当时被告人没有认罪认罚，当然不能适用认罪认罚条款，不能因为二审阶段认罪认罚了，就说一审法官适用法律有错误。

简单来说，就是量刑情节发生了变化，从不认罪认罚到认罪认罚了，其中在法律适用上并没有错误和不当。

此时，二审改判的依据又是什么？

看来看去，也只能是《刑事诉讼法》第236条第（二）项还比较合适，引用这个条款，也是没有办法的办法。毕竟不能什么也不说就直接改判。

这种尴尬的局面，来自于法律规定的不周延。

《刑事诉讼法》第236条不能囊括所有的改判情形，需要完善。这个问题早就存在，只是由于认罪认罚制度的出现而更加凸显了。

《刑事诉讼法》第236条对于改判情形采取了二分法，也就是只有事实清楚和事实不清楚两种情形，只要是事实清楚，那就只有法律适用错误和量刑不当这一种情形了。

我们知道，这其实是对一审判决的评判。我认为，一定要在一审判决之上加上个"错误"和"不当"的定性才能改判的做法过于武断和片面。

难道就不能存在一审判决适用法律既没有错误,量刑也没有不当,而是因为情节发生变化引起的改判吗?

类似情形,实践中不是经常发生吗?比如赔偿损失:一审的时候没赔偿,二审的时候赔偿了,其他没有变化,量刑要不要变?

肯定要变。

但是这个量刑的变化与一审有什么关系吗?

其实没有关系,那凭什么说人家一审的判决有错误或不当,然后才改判呢?这种改判为什么一定要建立在别人的"错误"或"不当"的基础之上呢,就不能建立在情节变化的基础上吗?

因此,《刑事诉讼法》第236条关于改判规定缺少了"量刑情节发生变化"这样一个规定。

量刑情节是一种变量,往往在一审时一个样,在二审时另一个样,既然情节不同,那量刑的基础不同,结果变化就是自然而然的,跟谁错了或者不当没有关系,只是跟情节变化有关。

除了赔偿损失,还有认罪情节。

被告人完全有可能在一审阶段不认罪,但在二审阶段幡然悔悟,认罪了。对于这种情节,二审法庭不能视而不见,必然考虑其认罪悔罪对改造难度的影响,从而可能调整量刑。

此时,能说一审法律适用错误或者量刑不当吗?当然不能。

认罪认罚从宽制度入法之后,这种情况更加明显,有些时候被告人确实在二审的时候才想明白,而此时认罪认罚虽然有点晚,但是毕竟是认了,而且法律明确有可以从宽的规定,即使适当地表示一下也可以从宽一点,否则不足以激励其他被告人。

以前的赔偿和认罪还好一点,毕竟只要说个量刑不当,也还算凑合,就当一审的刑罚明显不当了吧,好在不用刻意承认法律适用错误。

但是二审认罪认罚之后,就要调整法律的适用,也就是从没有认罪认罚,改为适用认罪认罚条款,所以不仅要承认一审量刑不当,还要说一审法律适用错误,这样才能顺理成章地把法律依据调整过来。

一般情况下,我们都明白这不是一审法官的错,因为这是被告人"出尔反尔"了。

但是白纸黑字地写上"一审判决法律适用错误,量刑不当",使得没有过错也有过错了,因为一般人也说不清楚这个错误和过错之间有什么区别。

本质上来说,一审法官和一审判决都没有错误,因为在当时的情况下判得一点没有毛病,换谁都得那么判。

既然没有错误,凭什么硬说人家有错误?既然没有不当,凭什么硬说人家不当?

这就是法律的规定过于静态了,我认为应该增加一个变化项,根据这个变化项,无须否定一审就可以改判。

因此，我建议将在《刑事诉讼法》第236条增加一个第（四）项：原判决认定事实和适用法律正确、量刑适当的，但量刑情节发生变化，可以依法改判并对法律适用作出调整。

之所以写上"可以"改判，是因为这是一种酌定的情形，也不是只要量刑情节有变化就一定改判，从而防止在一审审判时"藏一手"。而且量刑情节变化的毕竟很晚，对这个变化的衡量，是否有改判价值，需要法官的综合判断。

法律规定不周延，适用就没有准确可言。

法律的周延性应该因时而动，应该与时俱进，这是法治现代化的基本要义。

谅 解

没有具体的法律规定，谅解的适用就全无限制了？谅解是万能的吗？

谅解是常见的量刑情节，遗憾的是缺少充分的法律规定。

"谅解"一词在《刑事诉讼法》中只出现了一次，那就是第288条的规定。其实，《刑事诉讼法》是将谅解当作刑事和解的一部分予以规定的。

从整体上而言，刑事和解明确且规范得多，《刑事诉讼法》有专章规定：当事人和解的公诉案件诉讼程序。

刑事和解有特定的条件，特定的程序，甚至还有特定的形式——和解协议书，对该文书的内容要求，刑事诉讼法的司法解释中也有专门的规定。

但对谅解的规定却始终是不清不楚的状态。

虽然司法解释中提到，要对被告人是否取得被害人或者其近亲属谅解进行审查，但是连谅解以哪种形式记载都没有明确规定。

其实谅解并不一定以谅解书的形式呈现，虽然通常有谅解书，但口头谅解记入笔录也完全没有问题。

总体来说，对谅解的要求比刑事和解宽泛得多，也自由得多。

刑事和解是有明确的条件限制的，只能是两种情况：一是因民间纠纷引起，涉嫌刑法分则第四章、第五章规定的犯罪案件，可能判处三年有期徒刑以下刑罚的；二是除渎职犯罪以外的，可能判处七年有期徒刑以下刑罚的过失犯罪案件。

也就是说，如果是故意犯罪，就只有侵犯公民人身权利、民主权利犯罪和侵犯财产权利犯罪两类罪名可以适用刑事和解。其他大量的故意犯罪都是不能和解的。

比如，寻衅滋事犯罪就只能谅解而不能和解。诈骗可以和解，但合同诈骗就只能谅解。这似乎也比较机械。

而且，只有三年以下的轻罪才能和解，但谅解没有刑期的限制，甚至连命案都可以谅解，而且被害人家属的谅解对于是否判处死刑还是十分关键的。

把和解限制得那么死，似乎和解的刑罚减让程度远远高于谅解？其实非也。

一般来说，和解能减刑50%，赔偿之后的谅解也可以减刑40%，二者也就差了10%。还有一些特殊情况，那就单说。实践中操作起来，往往两者就差不太多了，很难分出来哪个一定就更能从宽。

麻烦一点、规范一点的和解，相比于谅解并没有太大的优势。谅解却因为形式灵活多样，更加容易操作，而且适用范围更广，反而更有优势了。

这就导致很多当事人，包括法律职业工作者只知有谅解，不知有和解。

现在的问题是，谅解是不是过于随意和万能了？好像既然法律没有规定，那就全无限制，这样合适吗？

比如，什么都能谅解吗？

侵犯到公共利益的案件能谅解吗？妨害公务罪中，执法人员受伤了，那他能不能谅解被告人对公务的侵犯行为？

他确实可以对针对其个人的伤害行为表示谅解，但对公务行为（公共利益）受到的伤害部分，是否适用谅解，并不是执法人员个人能够决定的，他个人代表不了公务行为的法益。

此时，被侵犯的执法者出具的谅解书还有没有意义？是否可以让被告人拿到40%的减刑幅度？

我认为，此时就不太好说存在司法意义上的谅解，或者说这种侵害公共利益的犯罪可能就不存在谅解问题，根据其他情节处断就可以了。就像职务犯罪也不可能存在谅解一样。

这也是为什么刑事和解是有条件的：故意犯罪只是限定在人身和财产两章，过失犯罪中还要除掉渎职犯罪。这也体现出公共利益和职务行为不好谅解，也不好和解的意思，因为它们体现的不是个人法益。

这就说明谅解也不是没有范围限制的，它也必须受制于犯罪本身的特质和法益属性。

回到人身和财产犯罪，这两种也能够适用和解的犯罪，是不是适用谅解就没有任何问题呢？

我认为，也是要仔细辨别一下的。

比如性犯罪，一开始报案要求严惩，赔偿到位之后又谅解的，是不是就没事了？

对此，两高《关于常用罪名量刑指导意见》关于谅解从宽幅度的条款中明确规定，对抢劫、强奸等严重危害社会治安犯罪的，应当从严掌握。

也就是说，即使真的谅解了，也不是必然从宽或者大幅度从宽，还要看犯罪情节和实际情况，避免花钱买刑的现象。

因为强奸是重罪，不仅极大侵犯了个人人身权利，也严重影响了公众的安全感，这个公众的安全感并不是个人的谅解所能够挽回的。

如果真没事，当初为什么要报案呢？女性如果知道身边有人被强奸，那种恐慌感得有多强烈？这种恐慌感不限于女性，还会蔓延到每一位男性亲属。

因此，处理这些重罪案件，就不能仅仅把它们当作当事人双方的私事，必须从社会总体安全感的角度来考量。

更极端一些的是，命案也有谅解的，当然这个谅解也只能是家属作出了。这个家属，根据刑事诉讼法司法解释的要求，应该是近亲属。

同样是近亲属，也有不同，父母对子女的死亡一般很难接受，也不愿意谅解；如果调换过来，子女则相对更容易接受一些，夫妻的话则要看感情如何，最容易接受谅解的是兄弟姐妹。

所以能否得到谅解，跟罪行本身有关，跟赔偿和悔罪程度也有关系，跟由哪位近亲属进行谅解也有关系。

总体来说，谅解总是要比不谅解好一些，但也取决于赔偿能力。但被告人的赔偿能力是千差万别的，赔偿能力与悔罪态度并不能等同，也不能减轻罪行的严重程度。

因此，对于命案，尤其是在死刑适用的考量中，谅解是一个因素，但不宜绝对化，还是要回归到案件本身，以及被告人人身危险性的具体考量上来。

并不是能够出大钱赔偿的人就一定容易改过自新，没有钱的人就完全不可原谅了，还是要回到人的本身。

因此，此时的谅解有用，但这个"有用"不应该绝对化。

侵财犯罪还有一些是针对单位的，比如超市盗，被害单位就是超市。超市的谅解书一度成为此类犯罪不起诉和判缓刑的决定要素，这也需要反思。

谅解是什么意思？谅解应该是基于人格产生的原谅，是一种情感表达。

超市没有人格，被盗之后情感上也不存在被伤害的可能。只要赔偿了，其所有的经济损失就得到了弥补，并不需要情感的额外补偿。

因此,超市其实不需要谅解,只需要接受赔偿就好了。

由于谅解的泛化使用,尤其是《量刑指导意见》中大幅度从宽的明确规定,导致实践中产生了"唯谅解论"。

这也是我们没有对谅解进行规范的不良后果之一。

立法上没有对谅解进行限制,就让人以为谅解的适用是没有限制的,是万能的。随之而来的,就是只要没有谅解,就认为悔罪没有达到一定程度,被损害的社会关系就没有得到修复。

类似于超市盗这种案件,因为被害方是单位,没有情感损害无须谅解。此时的接受赔偿就应该等同于谅解,就应该获得与谅解相似的从宽幅度,而不应该非要谅解不可。

一味要求谅解,并不能弥补被盗单位的情感损失,反倒是给了一些工作人员寻租的空间,人为地增加了诉讼成本和讼累,毫无实际意义可言。

超市盗的谅解书就是谅解万能论的恶果之一,应该尽快纠正。具体来说,超市盗的不起诉和缓刑不需要以谅解书作为参考。

进一步来说,还是需要在刑事诉讼法和相关解释中对谅解的条件、要件、方式和程序进行适当的明确和规范,结束谅解万能论。

无规矩不成方圆,谅解的适用应该尽快结束无规矩的状态。

情　绪

负面情绪要通过继续的行为和动作来消解，不能只靠停留在脑子里自行消化——要把产生负面情绪的原因解决掉。

是人就会有情绪。

情绪经常困扰着我们，有时候是一段时间，有的时候是一辈子。很多人一旦陷入某种负面情绪就走不出来了。

人们提到的情绪，往往是负面情绪，因为正面情绪对我们不是负担，更多的是稍纵即逝的快感。

负面情绪会严重影响工作效率，让人无法专心，时间长了还会影响身体健康。陷入这种情绪不仅不能解决问题，还会让问题越来越糟。

但我们就是不能自拔，对吗？

刑事案件本身都是不好的事，往往是负面的信息，有些罪行让人气愤，有些让人头皮发麻，有些让人陷入云里雾里。这些让人产生心理负担的案件本身又不是那么好处理的，因为要处理是需要证据的，但证据又老是不够。有时从直觉上判断是

"够的",但在客观上,又难以得出确切结论,这必然会影响我们的是非观。

明明就是他,但就是定不了,这就是司法人员的困境。

这些困境本身也会再度产生负面的情绪。再加上过度追求效率和其他司法指标,又会使这一层焦虑雪上加霜。

面对这些负面情绪,我们如何自处?

我觉得不能由着性子来,应该尝试走出来。因为负面情绪本身并不能解决任何问题,它只能延缓问题的解决。

如果由着性子下去,会产生负面情绪的滑坡效应,会越来越消极,导致最后起不来了。

我们要想出路,应该尝试寻找产生负面情绪的原因。我们要问一下自己,为什么会生气、会着急、会悲观失望?

比如,一个案件办得不顺利,那么不顺利的原因是什么?差在哪?如果是证据的问题,那就专心解决证据。

明确了不是证据的问题,那可能就是沟通问题。

是不是我们想调取什么证据,公安就是不去?如果是这种情况,我们要反思:这个证据是否有必要调取?这个证据怎么才能调取得到?调取证据是否具有可操作性?有没有跟公安共同分析一下?

我们是怎么跟侦查人员分析需要补证的事项的?公安大哥为什么不信我?是不是平时我们跟人家相处的方式有问题?

因此,这可能不是一个偶然事件,是不是信任方面有问

题？也就是说，我们说什么人家根本不信。

那怎么才能够建立良好的检警关系？

我们有没有想一下，除了提要求，我们帮人家做过什么？有没有什么事情做完了之后，人家对我们是比较信服的？如果不用人家调取，我们自己能不能调取得到，打个样子给人家看看？

想了这么多之后，我们的负面情绪还有多少？

负面情绪要通过继续的行为和动作来消解，不能光靠停留在脑子里来自行消化——要把产生负面情绪的原因解决掉。

解决这些原因的确不容易，而且很多只是表面原因，冰冻三尺非一日之寒，很多原因是长时间的消极工作态度带来的。

可能我们从来也没注意过侦查人员的情绪，侦查人员凭什么要在意我们的情绪，人家管我们着不着急呢。毕竟我们也没有管过人家的情绪。

当然，很多部门之间需要监督和制约，没有人能完全迁就对方的个人需求。除此之外，还有配合关系，部门之间总还是有个商量，总还是可以进行善意的提醒，还可以相互沟通。在这个过程中就要证明我们的想法确实是可行的。比如取证思路，我们要证明给人家看。再比如可以通过自行补证的方式把一个案件办得很漂亮；或者我们提出具体可行的取证方式，然后产生超预期的效果。

还有，我们不能老是不捕不诉，老是往无罪上弄，我们也可以在现有证据的基础上合理追加一些指控内容，证明我们在打击犯罪这条道路上的坚定立场和能力。

这样才能赢得信任，也才能提升我们的证据品味和引导侦查能力，让我们的引导建议变得可靠可信，这样人家也才愿意去执行和落实。

这样才会营造一种良好的配合关系，从而让难一点的案件也能够顺利地推进，案件的效率和质量都能得到提高，而你的情绪自然也会跟着好起来。

因此，负面情绪的消解，需要在实践中找到出路。

往深里说，负面情绪暗示了某种危机，要么是能力危机，要么是信任危机，我们不能迷失在负面情绪的表面现象之中，而是要投入到这些情绪产生的机理和原因之中，也就是要治本。

愤怒就能解决问题了？

愤怒对理智的消极占用，会让人无暇思考妥善的解决方案，暴脾气往往是定时炸弹，是负资产。

在极特殊的情况下，愤怒很有必要。

但在绝大部分场合，愤怒都不能解决问题。

比如夫妻吵架，一旦愤怒就面临失控的风险，无法再进行有效沟通了，严重的还可能造成一些永久性的伤害。

工作中也一样，遇到困难、烦恼、不顺心，甚至感到不公平了，难免想发泄一下，爆发一下，但这些都有可能让事情变得更糟。

比如，公诉人在法庭上被激怒进而咆哮了，那就有可能出舆情事故，即使在工作中对当事人发火，也会引发涉检上访。

还有极端一点的说法是：即使有道理也不能发火；一旦发火，有道理也变得没道理了。

这是为什么？

这是因为情绪控制是一种基本能力，或者叫作理智。一旦发火，就会被人认为失去理智，失去理智就会方寸大乱。

不仅表达的分寸和内容妥当性失去了，而且过于强烈的、带有攻击性的情绪，会让普通人难以接受。除此之外，相伴随的往往还有侮辱性话语，甚至脏话都会出来。

这样一来，就会让人感觉这些表达有失身份，并且对人极不尊重。

最重要的是让人对你的自控能力提出强烈的怀疑，如果连情绪都控制不住，还怎么能稳定地做好重要的工作？

人的基本工作状态和生活状态是要靠情绪来控制的。

开心一些，沮丧一些，不苟言笑一些……这些情绪的表达都还算是相对能够接受的状态。

但是一个人在盛怒的情况下，连沟通都无法进行了，还怎么指望他开展工作呢？

他不能把注意力放在事情的重心，他满脑子都是情绪的宣泄，怎么可能安心工作？

作为强烈的负面情绪的表达，愤怒是极其消耗能量的，愤怒也是需要集中精力，调动注意力的。

你见过有人能一边发火，还能一边做慢工细活吗？

比如你发火的时候，还能静下心来看书写字吗？

我在进行情绪控制练习的时候，曾经尝试过，即使尽力压着火了，也很难看进去书。即使眼睛在看，大脑也无法理解其中的意思——根本就进入不了状态，只想着喊两嗓子。

如果真喊了两嗓子，可能后悔都来不及了。因为这种极端负面的情绪传递给别人了，也是对别人发起了攻击，被攻击者心里也是火，还记得他的火是被你点燃的，当然也不会善罢甘休，而且一定会进行反击。

你骂他多难听，他骂你只能更难听；你揭了他的短，他也会揭你的短，而且会在羞辱程度或者侮辱程度上升级，以满足报复心理。

你被猛烈反击后，一定会更加愤怒——之前都没忍住，现在怎么可能忍住！那一定是进一步的发泄，这样只能让冲突升级，以至于最终发生肢体冲突。

时间上，很多故意伤害案件就是这样发生的。

愤怒就会产生强烈的攻击性，攻击性会引发冲突升级，最终让事情变得更加难以解决。

我们有必要明白，愤怒并不是目的，解决问题才是目的。但是愤怒并不能解决问题，只能让问题变得越来越糟。

比如我们原本想让同事配合，但是现在发了火，那配合就更加谈不上了。

我们本来遇到了不顺心的事，感觉受到了不公正的待遇，想找有关人员解决。但是因为愤怒了，把对方骂了，那还能期望对方给解决问题吗？实践中往往就是更加没有出路了。

我们生活在熟人社会，是要长期相处的，所谓低头不见抬头见。对很多人而言，这种状态是绕不开的。

在工作中，不能因为与个别人关系不好，就换个岗位，这没有那么容易。即使换了，也未必能和新同事相处好——如果不会控制情绪。

在生活中也一样，如果对配偶发火，冷战热战的，最后不欢而散，想着再找一个就能解决问题，这也是不现实的。每个人或多或少都会有一点脾气，如果不懂得理解和包容，跟谁都相处不好。

不能总指望别人都容忍我们，我们要先包容别人。

即使别人发脾气了，也需要尽量稳住他，而不是跟他硬来，更不要说对方没怎么样，我们就先崩盘了。

我们的崩盘不仅会刺伤对方的自尊和情感，也会让双方的关系变得无法挽回。令人悲哀的是，我们还要长期相处下去，难道就只能处处绕开他？更悲哀的是，有的时候又根本绕不开。

人家多一个朋友多条路，我们是随便发泄情绪，给自己设置了一堵墙，这样就必然增加了自己的生存难度。墙多了，就会处处掣肘，生存和发展空间越来越小。

总结下来，发泄了愤怒，不仅让当下要实现愿望变得遥遥无期，而且在以后实现目标的时候，也会困难重重。

当下的事没解决，以后的事也越来越难解决了。

可见，负面情绪对理智的消极占用，会让人无暇思考妥善的解决方案。

可见，我们有必要磨炼自己的情绪控制能力，在愤怒来袭时,尽量冷静下来,沉淀几分钟,再去思考,往往气就没有那么冲了。

把握自己命运的一个前提,就是学会控制情绪。

控制了情绪就控制了与人交往的方式,就可以化解更多风险,减少社交危机,并且能够理智地作出明智的确定。

在冲昏头脑的情况下作出的决定,隐患较多,是急中出错,给工作和生活带来的风险和危害也会更大。

从这个角度看,这些暴脾气往往是定时炸弹,容易成为累赘,成为一个组织的负资产。

办案子不是做数学题

人的认识有模糊性,自由心证也不是胡乱判断,而是有大致的标准,只是我们说不清这个标准是什么。

有人问,有没有一个公式,能把案子的结果算出来,得出一个唯一确定的结论?

这几乎是不可能的。

案情没法抽象为一种数据符号。把复杂的问题简约化,把复杂的事实模式化,其中舍弃的,可能就是此案与彼案区别的细节性事实。

正是这些细节性事实才构成了案件的特殊性,细节越多,差别也就越大。

即使都是盗窃案,在作案方式、具体情节、犯罪动机上也还是有着细微的差别。

吃一种米,养百样人。林子大了,什么鸟都有。

说的就是人在个性上的差别。

与面貌上的差别相比,人在个性上的差别更加复杂,后者取决于人生存的环境，过往的经历，父母的遗传以及自身的天资禀赋。

因为每个人生活的环境都不可能完全一样，接触到的人和事不可能完全一样，因此，每个人的精神气质也必然是不一样的。

案件的事实和行为人的差异可以说是一种确定性的差异，都摆在那里，只是我们如何权衡和把握的问题。

难把握的，是证据之间的差异，每个案件可能获得的证据不一样，这里有偶然性的因素，也就是不确定什么样的证据可以保留下来，也不确定侦查人员的取证能力能否应付得了这些证据。

因此，即使同一类型的案件，由于获取的证据存在量和质的差异，所以最终形成的犯罪拼图的完整程度也不同。

这些完整程度不同的案件，呈现的面貌自然就不一样，又怎么公式化？

比如收集到多少证据算确实充分？收集到了哪些证据，才算是排除合理怀疑？

这最终还是需要司法官进行综合裁量。

那综合裁量有什么公式吗？没有。一位法官曾经说，"我说不清什么是淫秽录像，但是只要让我看一眼我就知道"。

这就是人的认识的模糊性，要说完全没有准谱也不对，自由心证也不是胡乱判断，还是有大致的标准，只是我们说不清这个标准是什么。

我们没法对这些标准进行完全的量化。

因为这涉及人类智力最高层次的东西，也就是创造性的东西，是人工智能目前还不能完全模仿的。

对一个纷繁复杂的案件，我们的认识就具有创造性——对不完整信息，不可简化、抽象的事实的理解与判断，就是通过法律逻辑的创造性运用。

法律有一套规则体系，但这套规则体系不是数学体系，它有着人类语言所特有的模糊性，需要司法官在对具体情形的理解和把握上，加注自己独到的认识和判断。

也就是"我认为应该怎么怎么样"。换个人就可能有了另一番结论，但依据的确实是同一套法律。

为了统一执法尺度，立法和司法机关制订了非常详尽的司法解释、量刑规则，确立了每一种犯罪的大体裁量标准。但是为什么没有任何一款量刑软件可以大体模仿司法官的裁量呢？

那是因为所有的尺度都需要主观的判断，这些判断建立在复杂微妙的细节之上，这些细节难以量化和符号化。

同时，任何一种执法尺度在运用时都要体现司法官自身的价值观。在人工智能不能代替人进行判断的时候，我们必须接受司法者自身执法尺度的差异。

这种差异有两面性，一方面，它可以实现特殊化处遇，可以根据案件的特殊性来区别地适用刑罚，实现正义的具体化；另一方面，它的执法尺度必然有差异，必然会有同案不同判的现象。

同案的不同判既有案件本身的不同，也有司法官之间的差异。

司法官首先是人,每个人在不同的年龄段对事物的认识都可能发生变化,甚至由于心情、环境的不同,也会在认识和判断上产生一定的波动,不可能保持完全稳定一致的认识判断水准。

这些不稳定性是不是人的缺点,从而应该尽快让人工智能法官上位?

不好说。

这种差别就像物种选择的多样性,让司法观点呈现出多元的面貌,从而适应不同的司法需求。

因为任何一种看起来正确的观点,时间长了都会产生偏颇,谁又敢保证这种司法观点就一直正确?

如果执法尺度全部实现机械性的统一,就会变得孤注一掷,从而产生无法挽回的错误。

也就是任何主流的通说都有可能是错的。将案件抽象为公式逻辑的时候,希望套用到无数的案件中去,从而消灭不同的司法结论。这就像所有的物种只选择一种生存方式,选择只吃一种食物一样,很容易被社会淘汰。

所以,案件不是单纯的数学符号,它本身就一团模糊的、复杂的不确定性,而认识、判断它们的主体也同样是群观念模糊、认知复杂的不确定的主体,以复杂性处理复杂性,以不确定性对付不确定性,自然不可能得出唯一解。

即使抽象地形成了一些刑法案例描述,但是对同一种犯罪行为，不是也有数种学说来阐述吗？谁能够确定哪一种观点一定是对的，其他的观点一定是错的？

那些目前处于通说地位的观点，有很多在几十年前不是也处于边缘的地位吗？

既然对案件判断的逻辑都有相对的正确性，那刑法适用的底层逻辑就很难"数理化"了。

人的差异导致了观念的差异，时代的变迁导致了主流观念的变迁，这自然会对社会公众的认知产生影响。比如投机倒把原来是犯罪，现在不是犯罪了；原来很多案件都有死刑，现在没有那么多死刑了。

当初的观点错了吗？没有，只是时移事异而已。

所以妄图将案件简单化、绝对化的观点就是绝对错误的。

对案件的认识具有相对性，正义也具有相对性，正义不是一个点而是一个区间。应该以动态的、复杂的眼光来审视司法工作，永远以新的视野来审视相似的案件，才能尽量贴近公正。

在司法过程中奉行理性主义，但不能绝对化，良法还要与善治相结合，理性还要与感性相结合，在可能机械套用法律的时候，永远要想到你面前的是一个大写的人，是一个有血肉的人，而不是抽象的符号人，这样才能更加富有洞察力和同理心。

不要害怕与别人办得不一样，甚至要警惕"为了一样而一样"。

因为法律是抽象的，人是具体的。

交　流

很多人都是我学习的对象,这些可学习之处在书本上找不到,他们是活动的图书馆。

舒适区有很多种,其中与熟悉的人交流就是一种。

但是,如果想获得新知,还是要不断扩大自己的接触范围。

我记得,刚工作的时候参加培训班,有些老同志就说,听课不是最重要的,重要的是交几个朋友。

作为系统内的培训,显然这些朋友也是同一个系统的。

有些时候多交朋友还真有用,想要问什么事情的时候,能找到一些熟悉的人,否则也不知道该问谁,别人不认识你,也不一定爱搭理你。

我们那个时候培训,是刻意地不与本院的人坐在一起吃饭的,因为回到单位以后,和本院的人总有见面的机会。故意找一些外院的人坐到一起吃饭,就可以认识一些同行,聊得来的话,大家就会成为新朋友。

我们热衷于饭后的散步,主要在于吐槽和交流,从中可以获得一些信任，也会结识一些新朋友。

在座谈交流的时候，也要勇于发表自己的观点，这样就会引起别人的关注，甚至会与一些不认识的人产生共鸣，这也是一种结识朋友的渠道。

那时候没有微信，主要就是留一个手机号，过年过节发点祝福的信息，平时联系并不频繁。但这远远好过不认识。

认识了以后是可以相互咨询业务问题的，不是一个单位的，有些问题可能还更方便讨论一些。

有事就联系，没事就不联系，这只能算是一种熟人关系。这种熟人关系，可能通过后续的培训，偶尔的咨询，偶然的相遇不同程度的有所加深。

这些或深或浅的关系，在工作当中是非常重要的，它可以帮助我们开阔视野，形成一些观点的碰撞。

一些非常挠头的问题，如果人家遇到过、解决过，我们就可以少走很多弯路。

这也是不能仅仅停留在社交舒适区的原因。

在一个比较大的单位，也是这样，很多人一直到退休也认不全单位里的人，有些人甚至只认识本部门的人。这样一来开展工作就很不利，也不知道该找谁打交道。

我常常鼓励年轻人要多干一些活，这样才能因为工作与其他部门或者其他单位的人产生交集，通过工作的沟通彼此熟悉，也能了解单位的工作流程，了解处理问题的底层逻辑。

有时候，很多规则并不是写在纸面上的，只有接触了才知道，只有跟人家熟悉了，人家才愿意告诉我们或者配合我们。

还有食堂，也是一个产生不特定交流的场合。

正常来说，无论是摆长桌还是圆桌，只要不是单人单桌，都可能产生一些不确定的交流。桌子越大，不特定交流的机会就越多，反之就越少。

两三个人的小桌，也不太容易插入陌生人，但七八个人、十几个人的桌子就很容易插入陌生人。只要桌子足够大，就能以熟人为媒介与陌生人产生联系。

只要有人聊天，只要有人插话，我们就算在一个讨论区产生了交流。这个时候就很容易产生引荐和介绍，也就在不经意之间与其他人产生了联系。

这些熟人关系除了方便工作联系之外，也能够帮助我们拓展认知边界，避免只以自己熟悉的视角看问题的不足。

接触得多了，视角也会增多，认知的能力就会得到提升。

现在年轻人中有一种较为普遍的现象，那就是不愿意接触陌生人，不愿意展开不特定的交流。不管干什么事情，都只是与自己熟悉的人在一起，这样一来他的圈子就会很封闭，思维也会跟着封闭。

吃饭永远跟一个单位、一个部门的人坐在一起，冷不丁加入一个陌生人还会感到很诧异。

这些人也很少散步，总习惯闷在房间里。好不容易参加一次培训,还不愿意与其他单位的同事接触,回来之后还是没认识几个人,连加微信都不好意思。

其实,我也不是交往能力特别强的人。

但这些年来,我还是努力去打破这种舒适区,尽量去接触一些陌生人,尤其是各地的同行。这样可以拓展自己认知的视野,他们的经历可以在一定程度上转化为我的经历,让我可以接触到更广阔的世界。

这同时也能带来一定的安全感,遇到各种难题,总是能够找到可以寻求帮助的人,哪怕是能找到问问题的人也行。

而且,很多人都是我学习的对象,所谓三人行必有我师,这些可学习之处在书本上找不到,他们是活动的图书馆。

认识的人多了,了解到的观点就多了,从而让我们可以更加开放地认识世界,会发现这个世界并不是只有一种答案,很多答案都有其自身的合理性,这能让我们打破狭隘的一元化思维。

对于司法者来说,人员接触是有一定边界的,但在守护边界的前提下,接触人员的增多,仍然有利于我们了解人性,了解常识常情常理,有利于司法公正。

因为,所谓的"常"一定是大样本之下的常,而不是小样本的常,如果接触的人太少,就不好说具有足够的代表性,取得的平均值就容易产生偏差,在很多情况下也很难产生同理心,因为很多情形我们没见过,没有感觉。

司法者,终究要见天地、见众生,才能体会何谓公平正义。

有罪推定与无罪推定

追求公正是有成本的,对公正与否的校验更是有成本的。司法是个奢侈品,对司法的校验也必然是奢侈品。

在司法中主张无罪推定,这一点已经形成社会共识。但生活和工作中常常遵循有罪推定,而且非常根深蒂固。

甚至可以既在司法工作中主张无罪推定,又在司法机关内部的管理、运行中主张有罪推定,两者并行不悖。

比如在司法工作中,如果主张一个人有罪,侦查机关要收集证据,检察机关要在法庭上举证质证,也就是控方承担举证责任,这也是符合谁主张谁举证的一般性原理。

但是如果发现了一个案件的质量有问题,却往往并不遵循谁主张谁举证的一般性原理,而是首先要求被追究的人自己说明情况——有书面也有口头的。但是追究者很少收集证据并进行举证质证。

被追究者由于收集证据的能力有限和个人内心的慌乱,一般很难证据确凿地证明自己的清白,因为很少有人会审慎留存每一个工作环节的证据,也很少会时时为自证清白做准备。

这就会产生存疑的问题——不能完全证明自己无责任,就会给人留下嫌疑的印象。

嫌疑就是一种可能性,有时候可能性只是一种奇特的巧合,莫名其妙的偶然,很难解释得通,但又确实存在,所以旁观者就会产生联想和怀疑,就会让一些偶然间卷入其中的人难以自证清白。

有时候只是一种偏执,其实并没有什么大不了的,但在有些人眼中就是一个严重问题,就是高度可疑,就会怀疑和调查,然后不断诘问,碰到解释不通或者由于慌乱词不达意的,就更加让人产生怀疑。

就算实际上没什么,但是疑神疑鬼的,让正常人也变得鬼鬼祟祟起来:有些话不能自圆其说,有些话不符合常理。

事实上,仔细分辨起来,很多人说的话都不能自圆其说,都有不合常理之处。其中可能涉及隐私,可能有慌乱,可能有走神,也可能有口误,但并不一定就是工作上有过错和责任。

这也是我们要求控方举证的原因。既然要指控就不能那么轻松,必然要负担必要的责任。没有证据是不能指控的,只有收集到足够的证据,达到事实清楚、证据确实充分的标准了,才会提起公诉。否则就有可能滥用诉权,让当事人承担讼累和风险。

只是内部的责任追查往往缺少这样的要求,从而十分容易启动，也自然更容易给被追查人带来风险。

之所以公诉权会受到制约，是因为法院可能判决无罪或者要求撤回起诉。审判权不会对公诉案件照单全收，而是要进行居中判断，这是控审分离原则决定的，是刑事诉讼制度的基石。

内部的追究很少有如此的制约制度，如果自己追查，自己认定，那就很难做到"控审"分离。

这样控告的水平就没有了提高的动力，收集证据也显得多余。

实践中，公诉人收集的证据也主要是提交给法官看的，如果法官不认真审查证据，证据标准就不会提高。

法官一旦迁就控方，就会降低刑事诉讼整体的质效水平。如果差不多的都能判，那么下一个案子就很难高过这个水平。

如果自己启动追诉自己判断，举证责任就会变得虚无，就会在实质上废除控方的举证责任。这种情况下，只有给自己彻底证明清楚才能得到解脱，一旦不能完全自证清白就会变成一种洗脱不掉的嫌疑。

即使这种嫌疑不会带来直接的处分，但洗脱不掉的嫌疑本身就存在污名化的倾向，从而给被追究者带来不利后果。

这就是行政化本身带来的问题，行政化与司法化的显著区别就是是否拥有完整的程序正义保障机制。

行政基于效率的原因，倾向于简化程序法则，它对程序的烦琐程度容忍度很低，无法承受复杂的程序制约机制。

司法基于公正的原因，倾向于强化程序制约。但近年来为了不断提高诉讼效率，也增加了速裁程序和认罪认罚从宽制度，从而可以实现案件繁简分流。即使是繁简分流，无罪推定和控审分离的基本原则仍然是不能违背的。

所以司法总体来说是效率低一点，但对公正的保障更为有力——虽然不能说是绝对的。

用行政的方式来追究行政履职，总体来说还是适合的，因为对效率的追求是一脉相承的，对公正只要坚守就好了。

但用行政的方式来追究司法责任，总体来说保障性就会变弱，在追求效率优先还是公正优先方面存在区别。

很多时候就会因为效率而影响公正性。

公正性通常需要多花一些时间才能实现，不可能用几个小时，甚至就一眼能够断定用几个月时间才能办理好的案件，因为在极度追求效率的背景下，亲历性的审查远远不够。

而且，没有无罪推定和控审分离等程序性制约事项，公正就变得不那么有保障。因为人们难以自证清白，自己也不容易担任自己的法官。

除了公正问题，还有成本问题。

追求公正是有成本的，对公正与否的校验更是有成本的。如果不花足够的成本就得不到相应的公正成果，所以司法是个奢侈品，对司法的校验也必然是个奢侈品。

有罪推定有可能发现公正，也有可能带来误判，这个规律不仅对司法有效，对司法质量的校验同样有效。

正因此，对司法的校验应该尽可能遵循司法规则，比如要坚持无罪推定和控审分离原则，这样才能保证校验不出错。

如果校验出错了，据此追责，据此纠正原来的司法决定，那就不仅仅是内部的问题，而是很有可能产生错误的司法案件。

因此，这是一个双重错误。

所以，司法校验也应该如履薄冰，也要坚持无罪推定原则。

第二章 说理

如何体现法律文书的说理性

在评价、审阅法律文书的时候,不要刻意磨平文书的棱角,让那些个性化的语言平庸化。这就像生活的多样性本质是回应自然环境的多样性。

法律文书的说理有其特殊性,这和法律文书本身的严肃性密不可分。只是这种严肃性不是板着面孔的意思,而是必须有理有据,核心是有事实和法律的依据,这样的说理才是规范化的。

但是,规范化可不是格式化的代名词,更不是死板的代名词,而是有一定的灵活性和自由度。

因此,法律文书的说理同样是一种平衡的艺术。

实践中,有一些法律文书的说理为了坚持规范化,就采取了千篇一律的套路性说理。

每一种类型的案件,每一种特定的文书都有一些说理的话术,这些话术要比文书格式有一些更高的要求,也就是多说了几句。但由于过于模式化,这多说了几句跟没说其实也差不了太多。

在现实生活中拿这些话来说服别人,就会显得非常敷衍,有点应付事儿。但这种敷衍的说理又随处可见。

说理的最高境界是什么?

那一定是真诚的,发自内心的,设身处地地为别人着想;一定是有针对性、结合具体情形的具体分析和说服。

如果有人把对付别人的那套嗑儿又用在了你身上,你会作何感想?你一定也会非常反感吧?

因为这表明说服者连最起码的真诚都没有,说明他对这个说服工作没有用过心。

那么法律文书的说理性怎么体现呢?自然也是用心、真诚。

说到用心,最起码的要求就是从案件的具体情况出发,有具体的理由。

所谓具体,就是它和格式化的、模式化的表达方式有所区别,很少有模版可供模仿,在关键的内容上就要自己写。

即使自己写的内容和其他文书、文书模版好像不十分一致,也无须特别在意,形式应该服从于内容。因为内容才是说理性最本质的要求。

我们应该从受众的角度考虑需要表达的内容,受众关心的,自然不是格式上与其他文书是否完全一样,而是在关键问题上有没有说清楚。这些关键问题就是说理的关键点。

所谓的关键问题一定是因案而异的,即使大致相同,也会有细微的角度上的差别。我们就是要关注那些细小的差别，关注那些受众最独特的需求，也就是案件的特殊之处，表达出我们对案件的实质理解。那就意味着不是泛泛而谈，不是表面上说得过去的理由，那一定是真正影响文书结论的真东西。

这个理由想要说得通，还需要我们能够说透彻、说明白，从而让当事人心悦诚服地接受。

明明是好道理，却不好好讲，就不会让人信服，也就是没有说服力。将该讲的道理讲清楚，也是一种重要的司法能力，既可以提高司法的公信力，也可以提高司法的效率，让当事人避免在无谓的事情上折腾，让他们尽快接受司法的裁决结果。

不仅道理本身千差万别，而且把道理讲清楚的方式也是因人而异。

这个因人而异就是要不拘一格，要以说服当事人为最终目标，不拘泥于格式，可以不断地创新表达方式，将道理彻底讲透彻。

因此，说理性强的法律文书往往是有个性的。这个个性回应的既是案件的特殊性，也是表达者理解力的特殊性。

这种法律文书的个性不仅不是对规范性的挑战，而是对规范性的创造性执行，是应该得到鼓励的。

因此，我们在评价法律文书、审阅法律文书的时候，不要刻意磨平文书的棱角，让那些个性化的语言和表达风格平庸化，而是应该珍视这些独特的表法方式，鼓励这些不拘一格的表达方式，从而与千差万别的案件特殊性相呼应。

这就像生活的多样性本质上是回应自然环境的多样性，不能为了整齐划一而消灭这种多样性，那是十分短视的行为。

法律文书中扎实的说理，必然包括充分事实和证据的依据。事实和证据的说理，主要是以叙述性的方式体现的，也就是在大段说理之前应该把事儿说清楚。

毕竟，如果把基础搞错了，说再多道理也没有意义。

因此，说理好的文书必然也是证据分析得非常透彻，事实描述得非常清晰。这就需要侦查机关和司法机关做大量的工作，从而把事实彻底调查清楚，不能得过且过，然后拿大道理硬给人扣帽子。从这个意义上说，说理性也在倒逼案件质量的提高。

说理不是强词夺理，说理必须以理服人、以事服人、以情动人。

充分说理的过程就是高质效办好每一个案件的过程。

不要迷信模版

过多的临摹只能让文书越来越近似,越来越千篇一律,越来越模式化,无法反映案件的特殊性,无法实现案情的具体化,无法体现裁量评判的具体化。

对于撰写文书,我一直有一个观点,那就是不要迷信模版。模版虽然是好东西,对于规范化的意义还十分重大,可以直观展现文书的基本格式,只要照着写总是能够差不多少。但是我想说,撰写文书并不是"差不多少"就行了,并不应只满足于格式的最低要求。

而且我必须说,模版也并不等于文书规范本身,有些文书规范化要求比较多的,不可能仅仅通过模版就全部涵盖。

比如,我们当年起草的《起诉书规范化意见》,有60多条,几十页文字内容,一两页的模版怎么可能涵盖这些内容的全部?

而且规范化意见中除了"应当"的要求之外,还有"可以"和"一般应当"等相对灵活的要求,这又是模版所无法涵盖的。

正因此，当年我就坚持不要建模版，因此我们那个文件中就没有起诉书文书模版，目的就是让大家看条文，理解条文，不能人为将复杂的东西简单化。

机械地将复杂问题简单化必然会损耗掉重要的内容，让文书规范化本身变得粗陋、呆板。

但是文书模版有一种巨大的诱惑，就是比较容易上手，照着来就行了，不用过多地动脑筋。而且只要照着模版写了，就似乎找到了合法性的依据，即使错了也是对的——我这可是照模版写的呢！如果说我错了，那也是模版错了。而模版是官方公布的，自然没有人说模版错了。

奇怪的是，很多文书好像也只有模版，或者只有寥寥几句"制作说明"，也没有太多规范化的意见，似乎不看模版也就没得可看了。而且模版已经嵌入统一办案系统，系统自动生成的就是一个文书模版，你只要填录内容就行了，谁会质疑系统自动生成的东西呢。

但自动生成的只是一个基本格式，至于其核心内容，仍然需要办案人员创造性地书写，而不是写完了跟那个模版一样干瘪，其中的血肉，也就是实质内容，体现的是我们的司法智慧。

这个实质内容不应机械、僵化。

有些人甚至不满足于照着系统生成的模版来写，还习惯向人家要一个大致类型的文书，照着描，他们的文书就像"描红""描绿"的作品一样。

有一个盗窃案件，他就要找一个盗窃案件的起诉书，看看盗窃罪是怎么描述的；如果要写一个诈骗案件的不起诉书，那他一定就要找一个诈骗案件的不起诉书，看看怎么具体化地表达诈骗案件的不起诉问题；碰到一个故意伤害罪的抗诉书，那他也就希望找到一个类似的抗诉书来摹写。

至于其他种类的文书，他就一定非要找到一个非常近似案件类型的文书来抄抄看看。

这种抄抄看看，这种照着描，会抹杀案件的特殊性。总是想找一个几乎完全一样的文书，然后改改名字和数额就完事儿的想法是要不得的。

没有那么多文书供你抄，撰写法律文书不是抄作业，必须深入探查案件的特殊性，寻找最契合案件的最佳表达方式。

这种表达不是外部性的类比，更多的应该是内部性的寻觅，彻底回归到本案的证据事实当中。

也许你从未见过这种类型的法律文书，第一次不会写，借一份参考一下，也是无妨。但如果你掌握了此类文书的基本格式要求，还一味寻找极为相似的作品来临摹，那只是一种图省事的做法而已。

而且过多的临摹只能让文书越来越近似，越来越千篇一律，越来越模式化，无法反映案件的特殊性，无法实现案情的具体化，无法体现裁量评判的具体化。这样一来，就无法与真实的案情形成实质的呼应，也就容易带来机械执法问题。

抽离了案件的具体化和特殊性之后，就相当于将案件符号化，让嫌疑人脸谱化，就无法设身处地地探查犯罪的具体原因，无法建立同理心，无法理解犯罪起因的独特性，就会忽视那些可理解、可同情的东西。这让具体的法律适用变得机械冰冷，也就必然无法做到将心比心和恰如其分。

一味迷信模版，就相当于让自己沦为办案的机器和流水线，脱离了案件的具体性，也就容易背离常情常理常识。

模版无法告诉我们手里这个案件到底该怎么处理。只有用理性和良知设身处地地深入思考才能得出答案，这个答案是极其独特的，应该说就是定制的，没有任何案例可以完全照搬。

正义从来不是现成的、照搬的，它具有不可替代性，就像没有两片完全一样的树叶，也没有完全一样的案件，因此，不应迷信模版。

违心的案件怎么说理?

虽然自己有保留意见,也还是要执行审批者的决定。不仅是结论性的执行,还包括释法说理这种效果性的执行。

有些读者关心这个问题,这个问题的确很常见,只是程度不同。

因为只要存在审批制,就会存在检察官与审批者意见不一致的情况,而根据检察一体的原则,检察官即使有保留意见,最后也还是要执行审批意见。

这就是问题的根源。

这种情况下必然存在一个别扭之处,那就是目前的决定意见并不是检察官本人的意见,有的时候甚至和检察官本人的意见相反。那让检察官如何对自己并不支持的意见释法说理呢?

这确实有些勉为其难了。

这些和检察官的意见不一致的决定有很多情形:有些是实打实的审批意见,包括检委会的讨论意见,这都经过了正式的决定程序;还有一些并不能称为"审批意见",比如检察官联席会议的意见，这种意见实质上只是一种参考。

检察官联席会议的意见只是一种参考意见，对检察官没有强制力，将检察官联席会议当作检委会来看待显然是一种误解。如果部分地区从制度层面要求检察官联席会议的多数意见必须执行，那就是制度层面的误解。

检察官联席会议的意见与检察官的意见不一致的，只要检察官认为自己有道理，完全可以坚持。这和服从、执行审批者的命令还不一样。

但这里还有一个底线性的规定，即《公务员法》的规定，如果是明显违法的命令是可以拒绝执行的，检察官只要遵守这一条款。也就是说，如果发现审批者的决定明显是在制造冤假错案，或者明显有违法外力的干预影响，就可以拒不执行审批者的命令。

但是，不执行违法命令之后怎么办，是不是就放在那了？因为案件时有期限的，放在那什么都不干也不是事儿。此时，我认为除了向有关部门反映这一违法情况之外，还可以申请变更承办人。

因为明知是冤假错案仍然违心强行起诉的，怎么说理都是错的，说得越多错得就越多。但是完全不说也不行，所以只好通过拒绝办理来解除责任。

当然这是极为罕见的例外情况，在判断上一定要非常慎重，显然不能经常以此为由拒绝办理案件，那样也不利于正常工作和正常成长。

实践中更为常见的是小分歧。比如定性问题,是定甲罪还是定乙罪,或者犯罪事实细节和量刑情节的确定,以及量刑建议的具体内容,在这些细微的意见中也会有与上级意见存在分歧的情况。

结论显然是要按照上级意见办,但是否都要提出变更承办人的申请?我认为大可不必。

这种细节的分歧显然不能说是违法命令,因此也就失去了拒绝执行的法律依据。

那也就是说,虽然自己有点保留意见,审批者的决定也还是要执行的。这个执行,不仅是结论性的执行,还包括释法说理这种效果性的执行。

不能因为不是自己的意见就不管了,难道在法庭上回应辩护人意见的时候,你会说这不是你的主意,然后就可以不用答辩,不用管了?

显然,国家公诉人是代表一级检察机关出庭支持公诉,代表的是国家意志,不是个人意志,因此对于细节的分歧即使不理解,也要尽量执行。

这可能是一般情况下经常遇到,但又不得不面对的难题。我觉得可以有这几个方面的应对措施。

一是虽然不认可,但仍然有义务为此进行说理,这就是公诉人的责任,也是检察一体的基本管理模式决定的。

二是用自己能够理解的理由进行理解和阐释，自己并不十分理解，而且心理反抗还比较强的情况下，没有必要勉强硬说，硬说会显得生硬，并且理由也不会特别充分。

三是请审批者释明理由，因为任何一个坚持自己意见的人，一定有自己的理由。这个理由有可能因为审批页篇幅的限制，没有充分展开。那么承办检察官就有必要请求审批者进行解释。

如果愿意参考检察官联席会议的多数意见，从而作为自己最终的处理意见，也有必要让检察官联席会议中多数意见的表达者详述自己的观点。

详细记录意见提出者的具体理由，也可以为释法说理提供必要的认知基础。也就是不用自己硬说，而是着力将决定者的观点解释清楚。

这就在检察决定的一体化之外，又建立了释法说理的一体化。

谁的观点谁讲道理，这也是比较公平的。

四是在决定观点的形成过程中不断提高自己的表达能力和说服能力，使自己以后阐释案件决定意见时的说服力更强，让自己的观点更容易获得支持，从而更多占据主导地位。

也就是通过提高自己的办案能力和质效，让审批者放心，进而建立更多的信任。有了信任和表达力，就可以降低自己意见被否定的概率，让违心说理的机会越来越少。

有的时候所谓的违心,只是一时间不能理解正确的意见。

在自己想不开的情况下还不断说服自己的过程,也是在不断提高对案件的理解能力。

这种不断拥有信任的过程,也是自身迭代升级的过程。

通俗与规范的平衡

这些专业槽,根本没有想过让外人弄明白,好像法律行业必须有一定的门槛。如果故意让别人听不懂,或者别人听不听得懂都无所谓,那还叫什么释法说理?

提高法律文书的释法说理水平,通俗化与规范化一样都不能少,所以两者要平衡。

我认为规范化只是一个最低水平,关键还是要把事讲清楚,要把道理说明白。这样一来,通俗化可能就是主要问题。

有人还是为了在通俗化之后能不能做到法言法语的表达而纠结。

有的人就是认为法言法语才是规范化,只要不是法言法语的,那就一定不是规范化。

我想问的是,到底什么是法言法语?

有的人将法言法语理解为书面化的表达,他们认为论文化的、教科书式的语言才是法言法语。因此,他们强调的规范化就是将一些表达内容修改为书面语,所谓释法说理就是以书面化的语言说来说去。

但是这样的语言表达,在我们读论文的时候都感到晦涩,更不要说在法庭上宣读、阐述这样的法律文书了,这必然让那些没有受过专业法律教育的旁听人员一头雾水。

因为这个所谓的规范化表达里,充满了法学理论的术语、概念、学术观点、条文分析,没有足够的知识背景的人几乎是听不懂的,这也就是所谓的专业槽吧,也就是根本没有想过让外人弄明白,法律行业必须有一定的门槛。

但是我们要说服别人,并不是给别人设置认知门槛。如果故意让别人听不懂,或者说些别人听不听得懂都无所谓的话,那么还叫什么释法说理?

事实上,根本就没有关于法言法语的明确定义,我们追求的法言法语指的应该是坚持法律的精神和要义,不能超越法律的理解范围,并不是一定要堆砌术语和高深的法律概念。

我们能够用白话、口语化的表达讲清楚的事实证据问题和法律问题,就没有必要一定追求书面语、论文化。释法说理的本质含义就是让人听明白、能理解,只有做到这一点,才能谈得上接受和认可。

如果我们用专业话语体系将受众拒之门外,受众就可能对我们的观点产生误解和怀疑,他们会按照自己的知识框架来理解我们想要表达的内容,能理解到什么程度就理解到什么程度,想怎么理解就怎么理解。

我们既然将话语体系拉得那么高深,他们可能就要按照自

己的常识和框架来进行自我解读了。最终解读出来的意思,跟我们所要表达的内容完全不一样,就会误解司法机关的意思表示。司法机关本来是好心好意,反而可能遭到误解、猜忌和排斥,最终受众还会埋怨司法机关,从而损害司法公信力。

没有让受众准确领会法律文书的本意,那就是办案人员的能力和水平问题,就是司法质效问题。

特别要注意的是,法律文书的内容绝大部分是要表达出来的,如果太书面化,念的时候会不会太绕?况且有些时候其实不应该照稿念,比如公诉意见书和二审出庭意见书,它们相当于出庭意见的发言要点和提纲,真正需要表达的应该是能够脱口而出的内容,这样才能与现场紧密呼应,而这种脱口而出的表达显然也不应该过于书面化,否则就会让人感觉很怪,特别生硬,也有点拿腔拿调的煞有介事,说话不实在、不接地气,就是有点绷着了。

想要让受众理解、接受,就不应该拿着、绷着,就应该使用日常化的语言去阐述案件问题和法律问题。

这些语言虽然通俗,但说的句句是案子的事,句句有法律的依据,这样就让人感到很亲切,容易引发共鸣,让人当场能听进去,进而认可所要表达的观点,从而心悦诚服。

也就是要说到别人心坎上,在情理和法理上容易形成共识。

用最朴素的语言,表达案件和法律的内容,并且能够让人接受,才是真正的释法说理。

也有人说，我们要说服的是法庭，而法官是法律专业人士，说深一点法官完全可以理解。而且用术语、用论文化的语言感觉更严谨，至于其他旁听人员，其实不用过于在意他们的感受。

我并不同意这种观点。一方面，即使是法律人，如果能够表达得更通俗一点，也是容易让他们在更短的时间接受和理解的，通俗化表达的效率很高；另一方面，旁听人员的接受度并非无所谓的事，因为他们很多都是当事人的家属，对当事人的命运十分关切。更加通俗化的表达就是让他们更加彻底地理解罪行，理解法律处理的合理性，避免产生怨气和误解，对于案件最终妥善处理，意义重大。

而且，这些现场观众其实是广大人民群众的缩影，他们作为普通人能够理解的，公众也就能够理解。这也是释法说理的实战检测，只要现场旁听者能够理解的，媒体报道之后，公众也就比较容易理解，从而为案件的最终处理营造一种良好的舆论氛围。

如果表达的语言过于机械、讲话生硬呆板，就无法真正被公众所接受。

即使你的法律文书格式很规范，学术水准也很高，但如果公众不理解、不接受，那么就还是等于零。

没有通俗的规范化毫无意义。同样，没有规范化的通俗表达也容易产生瞎说乱说的问题。因此，好的释法说理，仍然是通俗化和规范化的平衡，而且通俗化是要下大功夫的。

汇报的时候如何说服

好的汇报是建立在亲历性审查上的,这也是审批者愿意听当面汇报的原因。他不仅仅是听案件的汇报,也是在考察汇报的人有几斤几两。

虽然实行司法责任制了,但是很多重要一些的案件和事项仍然需要报批。

报批就需要说服,只有说服了审批者,承办人才能最终按照自己的意见处理案件,否则要么被迫修改意见,要么直接被改变意见。这都意味着起诉、出庭等后续环节将变得十分撕裂。

即使撕裂,也要照样走下去。

因此,为了尽量能按照自己的意见办案,在审批制的背景下,说服就是一项必须掌握的技能。

对于书面说服来说,我认为最重要的不是法律文书本身,虽然这些都非常重要。因为很多审批者基本不看法律文书,在这种情况下,流程审批表中的审批意见就格外重要,一定不能是审查报告意见部分简单的复制粘贴,因为审查报告往往比较复杂。

最好开宗明义介绍一下这是一个什么案件，为什么要报批，也就是用一两句话进行背景介绍。

接下来就是简要介绍案件事实。然后提炼出案件审查的关键点，比如证据、法律适用或者程序问题等，适当结合关键性的事实、证据、法律依据进行阐述。

要注意的是，不能进行大段的描述，一定要抓住关键点，在关键的地方要有细节。

也就是可以使审批者在不看审查报告的情况下，就能够准确把握审查报告的要旨。让审批者看了审批表基本就知道了，想详细了解就可以进一步看审查报告。

说服也有一个信任度的问题，只要能经常提出中肯翔实的报批意见，时间长了，也就不要过多地查阅审批意见了，从而大家的效率都提高了。

但有些案件确实需要当面汇报，有些审批者也喜欢听当面汇报。

当面汇报的时候，必须始终抓住审批者的注意力，这需要能够开门见山直接说出案件的关键，并且能够循序渐进地层层展开。同时还要能够经受得住审批者的打断和提问，承受得住对细节的拷问。

显然，这要求对案件烂熟于胸，因此当面汇报要比书面报批难得多。这确实需要日常的积累，能够在短时间内把案件看透，而且能够把握得住关键的细节。

这些就要求承办人进行亲历性的审查：提讯一定是自己去的，很多证据是自己引导侦查机关取到的，审查报告的论证意见是自己分析得出的……如果这些都是亲力亲为的，那一般事实证据问题也就超不出你的射程。

就怕自己没有亲历性的审查，一问到细节就说不清，也不敢说，那也就自然露怯。

所以，好的汇报是建立在亲历性的审查上的，这也是审批者愿意听当面汇报的原因。他不仅仅是听这个案件的汇报，也是在考察汇报的人到底有几斤几两。

除了事实和证据问题可以通过亲历性的审查获知，对于案件本身涉及的实体问题和程序问题也要足够的思考，也就是各个方面都考虑过，看过法条、相关案例了，研究了相关的理论问题了。

这样也就是将案件吃透了，所以汇报也就不会慌张。

需要避免的一种情况是，就算对案件知道得比较多，汇报也不能没完没了，讲半天讲不到要点上去。

如果不能在短时间内把核心问题讲清楚，那就有可能失去汇报的最佳时机。

我的建议是，汇报核心观点不要超过五分钟，五分钟之内就要把案件讲透彻，就足够审批者进行决策了。

如果还有时间，可以再进行扩充和展开，并且也可以接受审批者的追问，此时是对汇报的补充，因此时间就可长可短，就没有那么着急了。

而且汇报的时候，一定要注意审批者的感受，要留意对方到底听没听进去，听没听明白，不能不管不顾一味自己说。

当面汇报最忌讳念稿，一方面这会显得冗长乏味，另一方面也显得没有水平。作为承办人，离开稿子连案件都说不清楚，显然是对案子理解得不透，不够自信，经验也不够丰富。

因此，即席表达应该是当面汇报的基本方式，即使有稿子，也只能是作为汇报的辅助和参考。

在办案中，说服是十分核心的技能，它能够体现一个人的基本业务能力和素养，也关涉案件后续的顺利处理。

说服是一门必修课。

不硬说

好的表达最需要的是真诚，只有真诚才能理解人、打动人，才能诚实地面对自己和他人，才不至于失去良知。

司法的表达，大部分都是为了说服。

判决是为了说服当事人以及公众，让他们相信正义本该如此。公诉人的表达是希望法庭能够采纳指控的意见。辩护方恰恰希望控方的意见不被采纳，而让法庭采纳自己罪轻或者无罪的意见。嫌疑人和被告人也希望司法机关能够相信自己的辩解，希望自己的观点能够打动司法官。即使是证人，也是希望司法机关采信自己提供的证据，相信自己的诚实，即使他不是当事人，也不希望自己的诚实被怀疑。

没有人希望自己受到怀疑，都希望自己可信可靠。

作为司法官，面对的除了其他司法机关和诉讼参与人之外，还有公众。

诉讼参与人要么是利益相关方，要么是法律专业人士，而且往往要求你当面表达，而不是文来文往。控辩双方则存在一定的博弈关系，要么是相信我，要么是相信他，好像没有第三条道路可循。

即使在司法机关内部,也有请示汇报的问题,只要是请示汇报,也都是希望自己的意见被采纳。

想要别人接受自己的观点,那就要从受众的角度考虑表达问题,不能自说自话。

对此,我有几点考虑。

1. 要有针对性

要充分考虑受众的需求,他们最想听什么,他们对什么不理解,那我就应该重点说什么。很多时候,受众最关心的,是案子的焦点和难点,这些往往是不容易表达清楚的,甚至需要大量的投入。

如果怕麻烦,那就可能按照套路来,即使格式规范,但也已经偏离了表达的本质目的——说服。

说了很多话,到头来却忘记了为什么这么说。这就是表达者的悲哀。

2. 要有根据

司法表达不是聊天,对每一句话都要承担法律责任。没有证据支持,说不好的案件就不要硬说。

这些证据应该和表达结合起来,可以具体化地分析、引用,要联系事实证据,这样才是靠谱的表达。

司法表达不能忽悠人。

3. 要诚恳

即使真理在握,证据在手,表达方式上也不应该高高在上。表达应该顾及对方的感受,应该注意表达中的程序性因素,不能因为情绪的问题影响表达的真诚性和稳定性。

4. 要与现场呼应

具体的表达在具体的语境中才有意义。如果当面表达,就必须与现场有呼应。

以三纲一词为例,不能机械地照搬适用,应该注意回应庭审的焦点,也就是要将自己融入法庭中去考虑表达的内容。

对于被告人和辩护人在庭审中提出的观点,应该注意回应,通过将自己的语言融入整个现场的语境而使之产生更强大的说服力。

5. 要注意书面表达和口语表达的差别

有些法律文书是书面制式的,表达的空间很小,也不能脱离文本进行表达。如果是发表意见的文书,那就更不是照着念完就行的。因为照着念完也没人听,必须要脱稿说才能吸引人,才能增加说服力。

此时的出庭意见就不应该过多地体现为书面语的表达方式,而是应该侧重口语化。

因为法庭上的现场发言是具有感染力的表达方式,出庭意见作为文本内容或者发言提纲只是参考。

此时,如果过度强调书面化表达,就变得毫无意义。我认为即使意见性的文书也应该以口语化的表达方式为主。

6. 没有必要硬说

有些指控的意见可能不是那么充分,可能证据上也有一定的争议和分歧。对这些焦点问题不能视而不见,或者坚持指鹿为马,这样的表达方式不仅不能增加说服力,还会降低自己的可信度。

据理力争,绝对不是没理搅三分。司法表达要注意适度。

7. 要有实质内容

有些观点似是而非,有些观点空洞无物,有些观点只是抄袭教科书,不能简单地以构成要件等几个部分按套路去表达。

太套路了，就会失去表达的本质。表达上也要注意言之有物，不是没话找话；一定是有实质的观点，否则就是还没有准备好。

8. 要注意连贯性

不仅逻辑要连贯，语气和情绪也要连贯。只有对答如流，或者一气呵成，受众才容易产生信赖感。不是对事实证据烂熟于胸是做不到这些的，不是有一种真理在握的感觉也是做不到这些的。

既然能够做到，那就说明表达者自己能够相信事实和法律本身。

9. 要简约

不能漫无目的地表达，不能过于啰唆，否则都容易让人失去耐心。一旦受众失去耐心，即使说得再好也变得没有意义。不仅要靠生动性牢牢把握住受众，也要注意挑干的说，把最重要的东西用简单的话语先说出来。从而在最佳窗口期完成表达。

10. 要不断练习

成熟的表达不是偶然的幸运，必须经过千百次的练习。无论是书面表达还是口语表达,唯一的诀窍就是多写多说。写得多了,说得多了,就必然形成了自己的一套知识体系。这个知识体系可以随时调用,只有能够随时调用的知识才是自己的知识。

通过不断的练习,不仅能够掌握更加纯熟的技巧,还能够磨炼心理素质。表达是一种体验性很强的技能,只能通过实践能够获得。

说了这么多,我还是认为好的表达最需要的是真诚,只有真诚才能理解人、打动人,才能让对方设身处地为自己考虑,也才更加容易发现犯罪隐蔽性的问题。

更加重要的是,唯有真诚才能诚实地面对自己和他人,才不至于失去良知,才会努力地挖掘真相。在真相不清楚的情况下,不会为了应付任务而糊弄事儿。

只有真诚的面对案件,才会获得真实感,这种真实感是可以产生说服力的。

公正之路是真诚铺就的。

我对司法官的期待只有一条:不硬说。

狡　辩

兼听的目的就是尽量消除视野盲区，实现信息对称，实现对案件信息最大程度的掌握，让裁决建立在牢固的证据基础之上。

办案子的时候，如果司法官不相信犯罪嫌疑人、被告人，会说他在狡辩。但是"狡辩"的人，无法反过来这样说。

这是因为在这种语境下，说别人狡辩，是一种权力，代表了一种可以评判、可以决定他人的命运的权力。只有手握着权力的人才能说别人狡辩，而没有握着这种权力的人自然没有资格这么说。他即使这样说了，也没有意义，因为他没有权力对别人进行评判，他也不掌握别人的命运。甚至如果他真的这样说了，还有可能激怒对方，最终对自己不利。

我们在说别人狡辩的时候，其实并不能确定他说的不是实话，只是不希望被反驳。那些斥责别人的人，往往感觉自己握有绝对的权力，这个权力丝毫不容许被质疑和挑战。任何的辩解都将被视为对这种权力的挑衅和不服从。

比如家长批评孩子狡辩，因为孩子受到批评的时候，总是会给自己找理由。

有些理由看起来确实是站不住脚的，但有些理由未必不是真的，只是我们没有心思听，我们要的是孩子对家长的批评不打折扣的执行，态度还要十分谦卑。

辩解让这种批评权本身受到质疑，因为有的时候辩解确实是在质疑批评的合理性，怀疑这些批评是否真的有道理，言下之意就是批评有可能是强加于人的，是不讲理的。

而家长确实也有可能犯下这种错误，但绝大多数家长不愿意在子女面前承认自己的批评理由不充分，有些强人所难，甚至不问青红皂白。

人真的犯错之后，对于批评和惩罚往往是能够接受的。

但是如果被冤枉，即使是很小的责任和惩罚，也没有几个人愿意咽下这个苦果，自然就要掰扯一番。如果这些掰扯正好指出了批评的不合理之处，那一定会让批评者恼羞成怒。

在他们没有充分理由论证自己的批评的合理性的情况下，这个词一定会脱口而出，那就是"狡辩"。

当然了，司法官对嫌疑人、被告人有时候并没有那么多的说明义务，开庭的时候可以多说一点，提讯的时候并不方便说太多，也不能过多地透露案件的细节。

因此，此时的"狡辩"的评判，并不是无力反驳，而是一种失去耐心的表现。

也就是当嫌疑人、被告人抛出了一个很难反驳的辩点，但是司法官还必须表现自己的权威，此时他就会说"狡辩"。潜台词就是我不想听，你说了也没意义。

这可能是对自己的证据过于自信，也可能只是一种麻木和疲倦，就懒得理那么多事，懒得管什么细节，也不会相信这些辩解。

按照既有的惯例和习惯，觉得肯定能判了，那还费这些事干什么呢？

很多时候，这样马马虎虎地审查完了也能判下来，那就更加没有必要那么费事了。

张口闭口说别人"狡辩"的人，根本就不关心真相是什么。如果不能耐心听完别人的辩解，又如何分辨别人的观点是真实的还是虚假的呢？又或者是你根本就不关心别人观点的真假，你心中早有了结论，而这个结论并没有建立在事实证据和法律逻辑之上。

在法庭上不能充分发表观点的辩护人和被告人，往往感到这个法庭不让人说话，这个法官不想听我们的辩解，怀疑他是不是已经有了定论。

不能充分听取辩解这件事本身就会使处理的结论失去基本的公正外观。

所谓兼听则明，但如果司法官就是不想听，如何保证让他明白？

有些时候，我们自己可能真的也知道，不管对方怎么辩解，其实这个案子也就这样了。既然这样了，干脆就省事了，多听无益，姿态都不想摆，过场也不想走。

这是赤裸的任性。

我想问的是，为什么会存在不需要兼听就可以得出结论的机制？这个机制合理吗？这个机制在哪儿，是什么？

司法制度是最讲究程序的，它需要通过一系列的兼听设置，让参与人充分表达意见，甚至可以相互辩论，让案件以最清晰的形态呈现出来，然后再得出最终的结论。

这个结论应该取决于各方的意见表达以及依据，也就是证据，只有这样才能体现公正。

公正的前提是尽量接近真相，真相一定是案件处理的基础，只有通过博弈性的反复表达陈述才有可能得出结论。

这是因为诉讼参与的各方都有自己的利益诉求，都可能向着自己说，因此说的可能都有水分，也都可能打折扣，因此放在一起来听，就有可能对冲其中的水分和折扣。另外，也可以通过更多的客观性证据，以及中立的证人证言，予以佐证。

虽然诉讼参与人与案件的处理有利害关系，不能全信，但他毕竟最有可能经历案件的全过程，因此又不能不听。

辩护人的辩点虽然是从有利于被告人的角度出发的，但可能有一些我们没有发现的角度，这就像侦查人员也可能存在视野盲区一样。

兼听的目的是什么？

就是尽量消除视野盲区，实现信息对称，实现对案件信息最大程度的掌握，让裁决建立在最牢固的证据基础之上。这是理想化的听取模式。

但是如果我们先入为主的意见是我们不能自主选择的，是其他人给我们预设了立场，而这个预设并不是建立在全面充分掌握信息的基础之上的，那么我们要不要接受？

如果我们接受了，就会变得不敢兼听，因为我们害怕听到一些我们不想听的东西。听到之后，又不知道该怎么处理，于是我们就干脆选择"六根清净"？

"狡辩"成为一种挡箭牌，把这些可能揭示案件真相的观点统统被挡在门外，这是逃避。

逃避什么？

逃避那些我们本应承担的责任。

因为如果担起这些责任，我们有可能承担不利的后果。明知给别人争取到公正，自己就可能受到不公正的时候，我们该如何取舍？

趋利避害，还是舍生取义？

正义从来都是有代价的，不会轻轻松松、随随便便实现。

面对真相装聋作哑也是一种罪恶，只是不容易被人发现罢了，但是问问自己的内心是否有负罪感，就知道了。

当一个人轻易地"狡辩"的时候，我们可以看看他的眼睛。

当我们想要说出"狡辩"的时候，可以问问我们的良知是否安好。

听到全面的信息之后再做判断不迟，这本身也是一种道德约束力吧。

听也不听，看也不看，那只能是一条路走到黑。

警惕顺便汇报

证据问题是一两句话说得清的吗？三言两语就把一个复杂的、有争议的问题说清了？在信息严重不对称的情况下，极易发生误判。

2023年5月，最高人民法院下发了《关于法律适用问题请示答复的规定》，其中第三条明确规定：不得就案件的事实认定问题提出请示。此前，检察机关也有类似的规定。

正式汇报不行了，有人就想出了变通的方法，就是在调研、开会、座谈的过程中"顺便汇报"，然后上级机关也"顺便表态"。

说这是汇报吧，人家说这是开会调研举个例子；说这不是汇报吧，实际上已经汇报完了。而且，汇报之后的指导意见，会直接影响下级处理案件的走向，有些审委会还将这些指导意见作为重要的决策依据，基本选择同意上级的指导意见。尤其是部门的意见被上级院同意之后，就更是没有多少反对的空间。而下级院的意见在仓促之间又很容易获得同意。

这些汇报的案件基本上都在证据和事实方面有争议。两高关于请示的文件明确禁止汇报事实证据问题，就是因为事实证据问题必须遵循亲历性原则，在司法责任制框架下进行审查才能得出结论，不适合通过请示汇报的方式解决。

即使带卷汇报、详细汇报，也未必能够明了事实证据的问题，因为听汇报的人无法完成亲历性审查工作，而且不是承办人的话也无法承担相应的司法责任，因此在司法规律上存在明显的障碍。这是在单独汇报、详细汇报的情况下也无法解决的问题。

现在绕开明确禁止的单独汇报，搞顺便汇报，用会议调研的间隙这种边角余料的时间，仓促紧张之间念叨几句、提几句，不是更加不能得出审慎的结论了吗？无论是汇报还是指导，都是极为不妥当的。这属于绕开请示文件的规避行为。

我们也理解这种汇报存在一定的动机，那就是解决责任问题。下级办案多，容易犯错。一旦犯错，就要被纠正，就要承担责任。这是基层院无法承受之重。

实践中，需要解决的往往是事实证据问题，而不是法律适用问题。在这种情况下，事实证据有点争议的案件就需要一个出口。如果是基层决策层直接拍板，就面临风险直接承担的问题，这显然是下级院不愿意的。

这种不愿意就会迫使承办人和部门层面一定要向上请示。即使直接请示被拒绝了，也要想办法间接请示，通过变通方法进行请示。如果实在请示不上，就会被认定为沟通能力有问题。

而且承办人和部门层面，自然也希望得到上级院的"指导"。

尤其是案件证据事实的认定可能存在诉讼风险的情况下，因为追究责任的仍然是上级部门，如果上级部门当初同意了承办人和部门的意见，下一步即使认定为案件质量问题也不好多说什么了。也就是即使追究责任，也存在责任分担问题，承办人和部门在复查报告中可以说这是"上级指导"过的。

不管是正式的指导，还是非正式的指导，不管是单独听取汇报，还是顺便听了一耳朵，这都不重要。只要上级听了，同意了，下级的责任就小很多。即使听了，没有表示同意与否，下级也可以在审查报告记录上级没有不同意见。这一点，上级也不能完全否认，因为谁也没有会议的录音，没人可以说清当时的情况。

唯一的方法就是严格落实请示文件的规定——不得请示。这个不得请示，不限场合和方式，也就是不得变通请示、间接请示、顺便请示。

因为顺便请示，要比此前的正式请示和单独请示还要背离司法亲历性原则。证据问题是一两句话说得清的吗？三言两句就把一个复杂的、有争议的问题说清楚了？

这其中显然省略掉了极多的重要信息，更加容易为个人进行取舍，然后让上级同意这种取舍。在信息严重不对称的情况下，极容易发生误判。顺便汇报就是容易产生误判的一种汇报。

顺便汇报多了，顺便同意多了，就必然意味"入坑"增加，不仅没有发挥指导把关作用,反而变成一种无原则的背书。

能够听取顺便汇报,能够进行顺便指导的上下级往往是关系比较熟识——不太熟也不好这样干,人家也未必会听,未必会表态。

这种基于熟识进行的表态,与其说是对案件的表态,不如说是对人情面的表达,是一种无原则背书。

既然如此,这不跟没有汇报一样吗?

仔细想想,又不一样,因为只要听了一耳朵,笼统地表达了态度,对于一般人来说就要捍卫自己的表达和态度。等到这个案件真的上来的时候,虽然可能和汇报的有很大的出入,但也不好自己否定自己了。

这样一来,上级司法机关的纠错功能就被限制了,也必然容易形成先入为主的判断,形成面子的捆绑。

这也一定不利于公正的实现。

我们反对审判机关的内请制度,因为审判机关上下级是指导关系而不是领导关系。但是实践中不能完全避免的情况下,也应该进行规范。《最高人民法院关于法律适用问题请示答复的规定》就是一种很好的规范,它给请示划定了基本的界限,那就是证据事实除外。

内请制度的自我约束和限制,是对司法责任制的基本坚持,也是对司法公正的基本保障。

任何变通和绕行都会使这份努力前功尽弃。

司法从来都不是顺便的事,司法从来都应该是堂堂正正的。

为什么开始重视出庭？

对证据事实、法律问题的随时回应，考验的是日常功力，尤其是对证据体系的审查和建构能力，这是一点也装不了假的。

目前，自上而下，或者说自下而上也可以，隐隐有一股重视出庭的感觉。

最近倒是也没有听说出什么大事，前几年倒是有，但是自从不搞庭审直播就好多了。

这个"好多了"，到底是办案能力提升了导致庭审效果好多了，还是大家看不到问题了……答案是见仁见智的。

我只能说居安思危的人开始多起来，并且行动起来。2024年夏天，最高检开始启动优秀示范庭的评选工作。

重视出庭总是好事。

因为出庭不是案头工作，是检察官区别于法官和警察以及其他公务人员的标志性特征，与律师有异曲同工之处。

我们都知道律师最有含金量、最有看头的工作自然也是出庭，是不是大律师，法庭上一眼就看出来了。

说话吭哧吭哧的，绝不敢自称大律师，也不会有人认。对于检察官，大家也是这么认为的。

检察官的工种很多，也不都出庭，律师又何尝不是如此？不出庭的律师，也会钦佩那些出庭的律师，感到他们才像真正的律师。这一点，在检察口，也是一样的。

为什么呢？出庭与案头工作到底有什么区别？出庭凭什么就显得那么重要，好像必然居于检律职业的中心位置？

这是由现代诉讼的本质特征决定的。

现代诉讼要求以审判为中心，以庭审为中心。法庭是整个诉讼的最重要、最核心的活动场地，庭审也是最核心的纷争解决机制。

对于刑事诉讼来说，还要坚持控审分离、控辩平等、公开审理。法官居中裁判，要坚持证据裁判原则。这一切，主要是通过控辩双方"两张嘴"进行的，有再多的证据，再多的理由，都需要用语言表达出来。

即使如证据裁判原则，也不是将证据直接扔给法庭就行了，还是要进行解释说明，要说明证据证明的内容，对方还会对证据三性提出质疑，这一切都需要依靠语言。

还有很多言辞证据，需要控辩双方进行宣读，对被告人还要进行法庭讯问，如果理想化的话，很多证人还要出庭接受法庭询问。这些都要依赖语言。

还有关于证据的综合分析判断，无论是控方的立论、对犯罪构成的证成,还是辩方对证据体系解构,都需要语言。

对于法律适用的分析,对于常识常情常理的阐明,对于案例的引用,以及采用多种方式批驳对方观点,或者对批驳的驳斥和回应,还是需要语言。

法庭上的语言相比于庭下来说,就是不容你从容思考,不容你找人代笔,不容你避而不谈,你必须在现场立即作出回应,没有时间翻找资料,甚至来不及翻找答辩提纲。

主要的原因就在于庭上发生的情况往往超出了答辩提纲,因为没有几个人可以预见到庭审可能发生的所有情况。

在这种尴尬的情况下,你只有自己对付,从自己仅有的知识体系当中搜肠刮肚找到只言片语,还常常会感叹书到用时方恨少。在现场,如果回答不上来是无比尴尬的。这也是为什么领导出庭,往往要带一名检察官的原因,因为必须有一个人能回应。如果只带着一个助理,而助理又坚持不说话,那就尴尬了。

也不仅仅是知识体系,还有对证据体系的掌握也必须极为娴熟,否则如果辩护人对证据进行随意引用,而你感到这个证据你好像没看过,或者压根想不起来这个证据到底是怎么回事。你总不能找法官要案卷吧,就算要到了,一时半会儿可能还翻不到,急得满头汗。而且辩护人提到的证据很可能不止一处,还往往是证据的细枝末节。如果你阅卷不细,就会非常尴尬,会让法官以为你对指控证据并不是很有底气,那么这个案件的前途也就堪忧了。

所以，想把庭出好，就要反复阅卷，比如十数遍地观看监控录像，从而确保对证据烂熟于胸，可以对证据细节随时调用。这个时候才可能随时回应辩护人对证据和事实的质疑。而且可以毫不犹豫地当即给予回应，不仅让法官，也让辩护人、被告人和现场观众了解到你对指控的证据体系是自信的，证据体系本身就是可靠的。

对证据事实、法律问题，包括常识问题的随时回应，考验的是日常功力，尤其是对证据体系的审查和建构能力，这是一点也装不了假的。

如果证据体系有硬伤，光靠一张嘴也是堵不上的，显然这需要我们在审前做大量的工作，确保证据体系的完备性和可靠性。

不仅是要准备好现实的证据，还要对自己的证据体系非常熟悉了解，可以把话讲出来，让法官和公众第一时间了解到，并能够感受到，你是正义在握的。这就需要我们在审查和提前介入时下苦功夫。

对于庭审所需要的一切实体的、程序的、专业的、常识性的知识，这种信手拈来的灵活掌握，全在于平时的日积月累，不仅在于读，也在于写，要能够把外在的知识体系，融化为自己内在的知识体系，成为随时调用的知识。

只有做到这些，再加上千百次的出庭磨炼，从知识体系、证据体系到身经百战、处变不惊的心理素质，这样才能把庭开好。

可以说，能够把庭开好了，其他任何岗位的活都能够干好了。但把其他活干好，却不能马上干得了出庭的活，这是需要长期训练的，它是一种极为复杂的综合性能力。

我们现在之所以重视出庭，就是重视真正的法律职业能力，那些能够影响检察机关公信力和形象的至关重要的能力。

我们在意的是这种真正的本领。我们看到了这种真本领的价值，因为我们在追求真实的质效。

重视出庭只是一个信号。出庭能力具有极强的通用性，这种对证据体系的建构、对知识体系的建构，这种临场应变能力和即席表达能力，在任何一个其他岗位都可以用得上。

我在担任其他条线比赛评委的时候，复盘时总听到有些人说，谁谁谁挺不错，果然是你们公诉出来的。

其实我们已经叫刑检很久了，但我知道他说的是什么意思。

庭审变卦怎么办？

让被告人当庭受审、当庭表达的目的之一就是避免信息传递过程中的损耗。为了保证真实性和原始性，即使提高了司法成本，也要保证被告人到庭。

反对证人出庭最重要的理由就是：如果他在庭审时变卦了怎么办？

说到变卦，被告人也一样可以变卦，而且被告人变卦的情况还比较多。那是不是意味着，也要反对被告人出庭？

如果法律允许，肯定有人主张被告人最好也别出庭了，这样就可以完全避免变卦的风险，因为卷宗不会说话。

人的问题就在于他会说话。会说话才有可能变卦，才有可能翻供、翻证。既然这么麻烦，这么有风险，为什么司法程序还是坚持要被告人当庭受审？

如果当事人不能到庭，一般是不能缺席审判的，极特殊的情况存在于没收违法所得和强制医疗程序之中。

这是因为，被告人到庭受审是现代司法文明的一个基本标志,那就是要给被告人一个辩解的机会。不能是公诉人说什么就是什么,还要看被告人自己说什么。这个自己说什么,也不是笔录里说什么,而是在法庭上说什么。

当面审理,当面听取辩解,当面举证质证,当面听取控辩双方意见,才能保证真实性。当面受审的目的之一是保证真实性。被告人可能变卦,就是真实性的体现之一。

被告人在法庭上可以依凭自由意志进行自由表达。这并不是说允许自由表达之后,被告人说的就一定是真话,被告人完全可以依据自由意志说假话。

说假话、变卦,都是自由意志的体现。被告人可以说假话,不管真话假话,是其出于本心说出的,有这一点就够了。司法人员就是根据其自由意志的表达,综合全案证据进行判断。

如果司法人员对被告人当庭供述的真实性产生怀疑,可以当庭追问。通过追问,交叉讯问,可以通过细节来检验真实性。

但是对冰冷的笔录无法追问,无法获取更多的信息,不仅如此,冰冷的笔录往往并不是被告人的原话,存在被记录者扭曲的可能性。

如果看不到被告人本人,就无法对这个扭曲的可能性进行有效的排除和判断。

遇到重大事件的时候,我们会追问当事人的原话是怎么说的。为什么我们要追问原话?因为原话代表了被告人最原始的表达。

任何转述就像翻译一样，都可能产生背离，从而把当事人的意思理解反了、歪了。有时候不是转述者故意的，可能只是理解能力的问题。

为了避免传递的信息失真，所以才需要听原话。

更好的方式，就是让当事人当面说，听不明白的可以再问再说，直到听明白为止。

从成本上看，当面审理的成本是很高的。二十年前，审查逮捕还是可以书面审的，根本就不用提讯。那时候一天可以办好几个案子。但是后来要求提讯了，别的不说，就是跑看守所就得折腾半天，效率明显下降。而此时的批捕处已经悄然改为侦查监督处，已经提出了更高的职责要求，工作方式上也要求更加的实质化。

很多案子，只有当面见到犯罪嫌疑人，才能判断他说的是不是假话。如果连人都见不到，怎么能让他进行真实性的表达？

如果真有刑讯逼供，侦查人员会把这个情况记到笔录里吗？当然是见到犯罪嫌疑人才可能知道这个信息。

这就是司法工作中当面见人的价值。

当面审判更是如此，审判的目的是对案件做个最终的结论。其中也包括判断前期侦查、指控的合法性，也要判断被告人供述的真实性。这一切需要一个最基本的前提，那就是必须见到被告人，必须让被告人当面说，不是让检察官宣读笔录就完了。

尤其是那些不认罪的案件，那就更需要当面说清楚。

因为这些不认罪的案件，被告人往往可能有很多堂笔录，如果不是被告人当面说，公诉人就可以选取一份有罪的，或者最接近于有罪的笔录进行宣读。但是被告人在庭上可能就不认可，在庭上他就可以自己说。

如果他不在庭上，又怎么表达这种不认可，又怎么能够自己说？对于在案的各种证据，被告人也可以发表自己的意见，从而从被告人的视角来审视证据的真实性。

虽然他的质证意见未必就是客观的，甚至也可能是狡辩，但是因为他在现场，就获得了申辩的机会。这个申辩和自己亲口陈述的内容放在一起，就构成了最直接的信息来源。这种直接性恰恰是司法裁决最需要的。

司法裁决并不是需要被告人一定说实话，被告人也不可能都说实话，但需要的是直接的、不加过滤和转述的表达，从而为司法官的裁决提供最为原始的依据。

让被告人当庭受审、当庭表达的目的就在于避免信息传递过程中的损耗。为了保证真实性和原始性，即使提高了司法成本，也要保证被告人到庭，这是司法公正必须付出的成本。

司法只有公正才有价值，司法只是快但不公正就会变得毫无价值而且可能有害。就像以往审查逮捕的书面审理一样，只能助长高羁押率和冤错案件的发生概率。要求审查逮捕中提讯，虽然只是一小步，但确实是提高司法公正水平和法律监督水平的一大步,也为有效降低羁押率提供了最基本的保障。

被告人到庭受审,作为现代司法制度的基本保障,已经成为一种常识和习惯。

但是到庭受审与到庭受审还不一样,其中也有一个发展过程。

那就是到庭受审之后让不让说话。如果到庭了,但完全不让说话,那就和没到庭没有什么本质的区别,只是徒具形式意义。

从形式意义到实质意义,就是庭审实质化的实现过程。

我记得刚上班那会儿开庭,开庭之前是审判长先把被告人训一遍,主要是告诫被告人不要乱说话,保证被告人尽量少辩解,更厉害的审判长会把辩护人也给训一遍。

经过训斥之后的庭审是"高效"的,因为被告人不敢辩解了,不敢说话了,审判的进程自然就加快了。

十几个被告人的案子,两个小时也就开完庭了。

在这样的法庭上,被告人虽然到庭了,但不敢说话,他们到庭的功能就失去了。

但是近十几年来,这样的情况有了不少改善。

从诉讼制度上给予了被告人越来越多的保障,尤其是通过保障辩护人权利的方式,给予了被告人申辩权以重要的支持。虽然一些敏感复杂案件中仍然存在限制被告人和辩护人发言的情况,但总体上还是有很大的进步。

尤为突出的是，强化了证人出庭制度，包括证人保护以及强制到庭制度等，从而为庭审实质化提供保障。证人到庭的目的有时候与被告人到庭的目的是一样的。那就是向法庭提供最直接、最原始的信息，并且可以接受法庭上的不断追问，从而让信息更加完整。

证人当庭证言的信息不仅可以用于判断其本人证言的真实性，尤其是庭前笔录的真实性，更为重要的是，通过证人直接、详细的陈述，可以检验在案的其他证据和被告人供述的真实性。

这种原始性的信息是公正的保障。证人作为原始信息的源头至关重要。这就是需要证人出庭的原因。而在法庭上变卦、翻证，正是其作为活的信息源的基本特征。

证人之所以和之前说得不一样，因为他是活的，他有自由意志。更有可能的是，之前的笔录记录得不完整，不准确。想要真相，当然需要听原话。让说原话的人来，那是最好的。害怕说原话的人来，不仅是怕麻烦，还有心虚的因素。

或者是对自己建构的证据体系没有信心，证据体系本身不够牢固扎实。

让证人出庭可能让有些案件翻盘，可能让侦查人员额外补充更多的证据。

但更为重要的是，让侦查人员和公诉人更加谨慎小心，在取证和指控的时候更加仔细，从而满足庭审实质化的要求。这就通过证人出庭这一个小进步，传导庭审实质化的压力，从而提高案件的质量和司法的公正性。让那些不十分靠谱的案件不要流入审判程序，也可以避免不少无辜的当事人出庭受审。

证人出庭是出庭实质化的基石。如果证人普遍不出庭，尤其是不认罪的普通案件中证人仍然普遍不出庭，真相就难以得到保障，就很难谈得上是庭审实质化，也很难将庭审实质化的要求向前传导。

司法文明向前一步，庭审实质化是绕不开的。

同样地，庭审实质化向前一步，证人出庭也是绕不开的。我不相信有证人普遍不出庭的庭审实质化。

谁说庭下的证言才是最真实的

不让其出庭对质,不进行详细的交叉询问,就可能问不出真话。只有证据充分呈现在庭上,才能够把真相对质出来。

一种不太支持证人出庭的意见认为,在庭上的证言不够真实,在庭下做的证言才是最真实的。因此证人出庭不但没有必要,而且会有碍真相的查明。

这种意见最直接的依据就是,证人一到庭上就容易翻证,把本来很顺溜的证据链条弄得一团糟。

本来很确定的说法到了法庭上,可能就不敢确定了;本来说东的,到了庭上就有可能说西了;本来看见的可能说没看见,本来没看见的也有可能说看见了。

而且会说出一些原来没有的细节,这些细节可能与在案的证据链条不协调,容易节外生枝,变得很难理顺。

因此,证人出庭容易给定案带来混乱,是自找麻烦的事。

那么,证人出庭作证会不会说出一些不真实的情况?

我的答案是:会。至少有三个理由。

一是因为证人可能紧张。一般人都没上过法庭，上了法庭就感觉自己摊上官司了，而且法庭非常庄严，没有经历过这样场合的人，就会紧张。而一紧张，就容易口误；怕说错话，就会导致含糊其辞。

二是控辩双方交叉询问会非常激烈。会花费较长时间盘问细节，会使用强大的逻辑力量来查找证人的语言漏洞，让证人遭遇尴尬局面。在这种尴尬局面中，证人容易被问蒙了，出于自保心理，或者头脑混乱而说错话。

三是证人要面对自己认识的人。他的证言如果有利于自己认识的人还好，如果是不利于别人的证言，也会感到不好意思，两者的眼神交流就可能让他产生心理压力，出于情面和心理压力就可能修改自己之前的不利证言。即使不是完全修改，也可能说"记不清了"，因此缓和现场的紧张气氛。

但这并不意味着证人在庭下就一定不会说假话。除了不会直面自己熟悉的人之外，也会遭遇其他令人紧张的局面，心理压力也一样存在。

被警察问话不会紧张吗？同样也会紧张啊，甚至有可能比在法庭上更紧张。因为在法庭上说错话，法官一般不会训斥他，也不会把他抓起来。但是被警察问话，是有可能被训斥的，虽然不一定会被抓起来，但容易产生被抓起来的恐惧心理。这种心理容易产生"顺着警察的话说，跟着警察的情绪来"的问题，也就是说出讯问人想要听到的话。

这未必是警察使用了强迫和威胁手段,只是正常的询问也可能产生不真实的结果。

此外,笔录与直接表达会存在较大的差异。有录像的话,还会出现音书不一致问题,也就是说的话与笔录记载的内容不一致。客观上来说也不可能完全一致,因为笔录的记载必然有归纳和整理,并不是有闻必录。一般来说这是合理的。但在关键时刻,不用原话,用归纳的话就可能产生关键性分歧。这个关键性分歧,记录人往往进行有利于本方的理解和归纳。如果我们听到原话,可能未必得出和笔录一样的意思和结论。

再加上证人阅读笔录时往往也不会太较真,对与自己的话不一样的地方也不会锱铢必较,因此往往也都签上字。

此时,你让他在法庭上说,他把自己的原话又说了一遍,你自然就会觉得与笔录不一致。从而质疑证人翻证,认为他在法庭上的证言不真实。但很可能的是他并没有撒谎,只是笔录记得有问题。

如果将笔录当作绝对真实,那么证人的证言与笔录不一致,必然产生一种偏离真实的感觉。但问题是笔录是绝对真实的吗?

还有,人大多会从有利于自己的角度进行描述。在不用面对当事人,不用面对控辩双方,只有警察的情况下,人们往往会向着自己说,极力将自己摘出去。也就是证人会掩盖自己的问题,将问题推给别人,这些人并不紧张,在没有人与其对质的情况下反而可以放开瞎说。如果我们不纠缠细节,知情人员不与其对质,他就可以把整个事实描述歪了。当然,这个歪一定是朝着有利于自己的方向的,但与事实相去甚远。

对于这样的证人,如果不让其当庭对质,不进行详细的交叉询问,就可能问不出真话,就不容易拆穿他的谎言。在法庭上固然可以因为紧张而说错话,但往往错得不离谱,如果详细询问,通过细节是可以把真相问出来的。

相比之下,故意说假话的人,在庭下是难以揭穿的,因为侦查人员往往不掌握揭穿其谎言的信息。只有证据充分呈现在法庭上,有了解真相的当事人在场,才能够把真相对质出来。有可能也对质不出个所以然来,但至少可以让谎言动摇,让谎言失去其篡改事实的力量。

还有一点,就是在法庭之外可能产生的威胁、引诱和不当压力。这个压力要远远大于交叉询问和法庭庄严的仪式感。因为前者是单方面的,缺少制约,且不公开不透明的。法庭上如果产生了不当的压力,会被全程记录下来,控辩双方会提出意见,而且还可以通过上诉程序予以纠正。

因此,从这个意义上来说,庭审虽然也有压力,但由于更加公开透明,其获得公正的可能性要远远高于庭下。

其实,庭上庭下都有可能产生不如实作证的情况,但总起来看,庭上的风险相对较低,而且还可以克服庭下的问题。

最重要的是,庭上的证言毕竟是原汁原味和直接的,听到的人可以作出判断，而从笔录上获取的是间接的信息，这个信息载体的不同就会丢失很多关键性的细节。而且笔录是死的，证人是活的，对证人是可以不断追问的。对笔录如何能够追问？

无限呈现的细节可以成为辨别真伪的最好依据，因为假话最怕的就是细节。

不要迷信算法

让司法来试用已经成型的各种模型,用得好、用得多的模型,自然就是有潜力的。这需要市场化的竞争机制,能够对算法模型优胜劣汰。

在大数据产生的初期,我们对算法将信将疑,但随着大数据体现出了一些成效,我们又对算法过度迷信。

我们以为人能搞定的事情,算法都能搞定,而且算法会又快又好,还可以分析海量的数据。那是不是海量的监督线索伴随着算法的发展也会源源不断?是不是我们只要坐享其成就行了?

实践告诉我们,并没有那么简单。

我们发现,不少在个案或类案中行之有效的模型,在大规模算法之后就不灵了。这里边有几个方面的问题,应该予以关注。

1. 无法简化的复杂性

所谓的算法就是对司法逻辑的数据化提炼,而这个提炼必然要足够精简，必须数学化和公式化。

司法是最为复杂的人类行为之一，所谓的自由心证是丰富的司法知识、司法经验和人生阅历的集合，非常难以简约化，更加难以数学化。一旦将司法行为数学化，就会省略掉一些细节和主观判断的东西，而这些可能恰恰是司法逻辑的精髓。

因此，很多时候司法算法很难脱离司法官而独立存在，只能作为一种辅助性的工具，还必须有既懂算法又懂司法的复合型的人才来操作才能够取得成功。

同时，我们从外界获取的数据往往具有多样性，也就是格式不统一，为了保证格式统一，就要进行所谓的"数据清洗"。

数据清洗本身就要耗费很多的时间，搞了很长时间算法实际上都没有数据可以算，更不要说对算法的完善了。

2. 成本不够

司法算法所能够投入的资金非常有限。

前面提到的复杂性问题，只有足够高的投入才能有比较高的还原度，也就是越是接近复杂性成本就越高。为了算法足够好用，功能足够强大，就要尽量适应司法的复杂性。也就是现在的技术可以做到一些复杂度很高的思维还原，但这都要砸成本。现在的超级算法都需要海量的资金投入，这是司法机关所无法承受的。

如果没有足够高的投入，司法算法就很难成为人工智能领域的超级玩家，只能做一些比较简单的工作。

这种简单就会产生不好用，用不起来等问题。

3. 时间有限

无论是 Open AI 还是其他算法公司，以及互联网平台，它们的算法不仅需要大投入，还需要耗费漫长的时间来进行迭代，有些动辄长达十数年。但是司法算法在时间上又等不起，总是希望在很短的时间内见效益，最好是当年就见大成效。这往往违背算法的研发和建设规律。

因为司法算法不仅仅是司法经验的总结，还必须是司法算法数学化的提炼和应用，这里有大量的细节需要磨。在成本有限、投入有限的情况下，就更需要磨时间。现在的情况是，一个模型的成功，往往意味着这个模型投入的结束。

注意力不够集中，无法专注于一个司法算法模型进行数年甚至十数年的研发。比如之前比较热门的智能化办案系统，目前就不再有人关注，就连办案系统中的高级查询功能这种最为基础性的设施也步伐缓慢。

更多的追求还是新奇特的模型，但追求到了之后，又不能长期坚持，导致很少有普及型的基础司法算法出现。

4. 复合型的人才缺乏

无论是司法算法的研发还是应用,都需要复合型的人才。

但这样的人才极为缺乏,因为这需要司法人员具有很强的数学化思维,但数学对于很多文科生而言是弱项。

这就不仅导致司法算法设计得不够好,应用得也不够好,也就是即使有了算法也没有多少人会用。

因为成本投入的问题,算法的友好性都比较差,必须有比较强的数学理解能力才能知道真正的秘诀,这就导致算法应用门槛普遍偏高,很多司法官根本听不明白,也用不明白,就更加无从反馈问题了。没有反馈问题,就无法进行迭代进化。

对此,我也想提出几点建议。

1. 高度重视人的作用

算法是重要的,数据是重要的,归根结底,人才是最重要的。

算法的提炼需要人,算法的应用需要人,从算法到线索到司法成果的转化都需要司法官来落地。

我们更加不能小瞧了司法智慧,那可不是能轻易被算法替代的。

算法可能帮助我们从海量的数据之中进行对比分析,发现一些有价值的线索,但对这些线索进行仔细甄别,让它真正具有可查性,是需要大量的证据分析和司法研判的。

而且,即使是数据分析提炼,也不是简单的数据问题,也是需要通过司法智慧来进行不断完善,然后才能叫作司法算法。

在所有这些步骤中,人都是最重要的因素。

2. 精力要高度集中

对于实践证明有价值的算法,我们要加大投入,要集中精力进行长期完善,只有这样才能产生顶尖级别的司法算法。

目前,我们的算法激励主要还是求新,而不是求大。

这是违背市场逻辑的,比如腾讯在发现微信有巨大潜力的时候,那是倾注极大的力量进行长期投入的,甚至不惜与自家的QQ竞争、削弱QQ的投入。因为马化腾说过,微信是移动互联网的站票,他从一个应用看到了战略性转型的契机。

我们有些司法算法也初露锋芒,但由于不能坚持长期的、战略性的持续投入而没有最终成长起来,是比较可惜的。

因此,算法应用在求新的同时,更要求大,要有更广泛的、全局性应用。

至今,我们也没有一款在全国普遍推开的司法算法模型,就是一个例子。

我们不仅要评优新模型,还要看那个新模型能够在全国普遍推开，获得普遍性的收益。这种普遍性的推开不是一两个地方，两三个地方，而应该是60%以上的省级全域应用，并且有持续成效。

从这个意义上来说，对于算法的激励、应用和推广就应该有一个战略性的规划。

比如司法算法的五年规划，对一些基础性、重点监督领域的应用进行战略性布局。

3. 要建立优胜劣汰机制

近年来，模型如雨后春笋一样逐渐多起来，大部分还只是有点数学味道的司法逻辑提炼，或者一些PPT，但也有不少开始着手软件设计。

一旦开始设计的时候，就想着到外面要数据，很多模型逻辑上还没有特别明确就开始要数据。其实这个时候要来也没有用，因为你都不知道该怎么用。即使有一些看起来还不错的模型，在实践中跑起来也未必能够走得通。

这些模型到底哪个好，就需要一个筛选机制。评比自然是一个筛选机制，但大型评比的次数是有限的，日常的筛选谁来管呢？

而且大型评比往往也是一次性的，很难关注以后的实效，有些在评比上说得都特别好，但实践中未必能够用得起来。这就需要一个市场化的竞争机制，能够对算法模型优胜劣汰。

比如设计一个算法商店的机制，让司法官来试用已经成型的各种模型，用得好、用得多的模型，自然就是有潜力的，一直无人问津的模型，也就没有太大的发展潜力了。

算法的应用还是要看真实的司法成效，也就是"不看广告看疗效"。

对于一些没有应用潜力的算法模型应该及时叫停，防止过度耗费司法资源和有限的办案精力。

我认为，应该将有限的精力和成本集中到一些真正有价值的头部算法模型，让它们发挥战略性的价值，司法算法应该徐徐图之。在这条路上，人才是决定性的因素。

第三章 感受

什么是好的效果?

司法要面对的就是每一起案件、每一个当事人的独特性。这样的司法模型必然比把司法当作流水线式的模式要耗费时间。

有人说,让各个方面都满意那自然是好的效果,实现既要又要还要的目标当然是好的效果。

但是实践中,很少有案件能够如此幸运地实现所有的目标,往往会顾此失彼,也就是为了满足一些目标,可能影响其他目标的实现;让这些人满意了,另一些人就满意不了。

就比如一个案子,如果按照被害人的意见重判,那被告人及其家属就可能有意见;但如果从宽了,被害人就有可能有意见。

有人说,你客观公允地判啊,这样双方一定都会满意啊,其实未必。

判得客观公允,也符合量刑标准,但是当事人未必理解,只要违背他的预期他就可能有意见。

同时满足两个方面的预期不就得了吗。

抱歉，双方的预期往往不一致。

还有既要又要的目标，比如案件想办得精细一些、耐心一些，时间上就可能要多一点，所谓慢工出细活，这是基本常识吧。想要快工出细活，这就不是违背司法规律了？这甚至违背一般的工作规律。

有人说，可以像提高工业生产率那样，上科技手段，上流水线式的生产线改造啊。但我们必须认识到，司法案件不是标准品，不是牙膏牙刷、书籍课本、服装鞋帽和电子产品，它是难以通过工业化模式化的生产的。

首先，每个案子都不完全一样，都存在细微的差别，有着完全不同的案件情景。

其次，每个嫌疑人和被告人也不一样，这些人就不是通过工业化的方式生产出来的，他们都有不同的人生经历，脾气秉性，人格品行，他们的行为特征也不一样。而我们的刑罚和司法决定是针对每一个活生生的个人的，我们必须针对他们的差异性进行具体的判断。

再次，司法产品针对的是人，人永远只能当作目的而不能当作手段，人不能被客体化，因此针对人的事情，尤其是关系其前途命运的事情，更加不能模式化、机械化。

最后，作出司法决定是人，不是机器，司法官也有自己的特质，法律不是一套算法，它需要通过司法官的具体理解才能成为活的法律，一个具体的司法官对一个具体的当事人，这两个方面的具体性、独特性，就导致了司法裁决必然具有不可复制性，是非标品。

因此，司法产品无法做到工业化，它更类似于艺术品，每一个司法案件都是独一无二的，每一套诉讼程序都是独特的体验。

司法要面对的就是每一个案件、每一个当事人的独特性，要把每一个案件当作艺术品来看待，认真审视每一个当事人的人生。

以这样的态度办理司法案件，才有可能让每一个人"感受到"公平正义。因为在这个过程中，司法官已经在意了每一个人的感受，尊重了每一个人的独特诉求。这样的司法模式必然比把司法当作流水线式的模式要耗费时间。

因此可以说，公平正义是有成本的，这个成本不可能无限低。

越是复杂的案件，越是要办得透一点，越是要多耗费一些司法成本。这个成本一方面是人力成本，另一方面就是时间成本。

因此，快与好有时候无法兼得，就像鱼和熊掌难以兼得一样。

那么，在快与好之间存在冲突的时候，我们如何选择，就体现了我们有着什么样的司法价值观，就体现了我们看重的到底是什么样的司法效果。

如果我们要求快是第一位的,那说明我们优先选择了效率。如果我们说速度服从于质量,那说明我们选择了质量和效果。

十多年前,我从基层院刚来市院的时候,部门的领导就跟我说,市院的工作就是宁可慢一点,也要尽量保证质量,因为我们的工作质量是影响全市的。

随着工作年限的增加,我对这句话理解得越来越深。

这是一个辩证法问题,也是一个影响面问题,同时也是一个价值选择问题。

一件事情的影响越大,就越要慎重,因为失误、错误可能产生的危害后果会被放大。

你的一个小瑕疵,就可能将很多人带沟里去了,就会付出很多人的很多成本。

案件也一样,影响越大的案件,我们越是要重视效果,因为它的辐射面太大了,其负面损失是难以挽回的,相比于此,效率虽然低一点,也变得可以忍受了。同样地,就是宁可慢一点,也要保证质量。

就比如十年以上的重罪案件,以及疑难复杂敏感案件,都是这个道理。这些案件不能,也不应该按照普通案件的效率标准来要求。

如果这么要求,那一定是忽视了这些案件的影响面。那是不是普通案件、简单案件,就可以放松对效果的追求,就可以优先追求效率?

我认为这样理解也不对。

在我的心目中,效果永远是第一位的,只不过简单案件应该在效率上较之复杂案件有更高的要求。

但在追求这个更高的效率时,也不能以牺牲效果和质量为代价,应该尽力而为、量力而行地追求效率。

也就是任何案件都不能一味求快,至少要跟别人说明白。

比如你告诉我去八楼,但是上了电梯我才发现这个楼只有六楼,根本就没有八楼。我到了六楼发现这就已经是顶楼了。然后我又下到一楼,东问西问,得知可能在十公里之外的另一个办公区的楼可能有八楼。所以我怀疑,你说的八楼可能是另一个办公区。然后我又跑过来问你一遍:您说的八楼是另一个办公区的八楼吧?你不耐烦地说了一句:是的。

我心里想:你当初怎么不告诉我是另一个办公区呢,害得我差点跑断腿,耽误事。对你来说,多说一句只是举手之劳。

当然了,对于情况都非常熟悉的你可能认为,这个八楼当然指的是另一个办公区的八楼,但是对于情况并不熟悉的我以及任何一个陌生人,都可能要跑断腿。

你这个只告诉我"八楼"的快,就肯定不是有效率的快。

对你来说似乎提高效率了,对当事人来说是跑断腿的低效率,这就不是提高效率了,同时更加损害办案的效果。

我觉得好的效果应该体现在以下几个方面。

(1)要有耐心,要把该强调的细节都说到,要允许对方提问题，尽量当面把疑惑都解决掉，尽量不要让当事人带着疑惑离开，如果内容比较多，最好附有书面说明，防止当事人记不住。

（2）要从受众角度考虑表达方式，也就是要以别人听明白为准，而不是以自己说明白为准，要用尽量通俗化的语言将专业问题说清楚，不要以为自己明白当事人就一定明白，要对双方在认知结构上的差异有理性的认识。

（3）要有同理心，要对当事人有一份了解之同情，愿意耐心倾听案件背后的真实原因，体会当事人的不得已之处，并将这些作为案件处理的重要考量因素。

（4）不要有优越感，不要以为自己比当事人高人一等，要充分尊重当事人的人格，在判断刑事处罚性的时候不要强人所难，在作出处罚裁决之前要思考一下换做自己会怎么做，如果自己可能都无法避免作出相同的反应，那这个处罚就会显得过于牵强。

（5）要充分注意细节，魔鬼藏在细节之中，正义也藏在细节之中，在串联证据链条的时候，要高度重视链条细节上的吻合度，如果有些关键链条一到细节就不能合拢，在案件事实描述方面只能用粗线条，一旦进行细节展开就说不下去，那就要反思以证据为核心的指控体系是不是还不牢固，是不是还要进一步完善，实在完善不下去的时候不能硬来，避免冤错案件的发生。

（6）要不断增强说理性，无论是在文书当中，当面沟通时，还是法庭上，说理性都至关重要，这是让诉讼各方及公众能够心悦诚服的关键。连自己都说服不了的，自然也就难以说服别人。

（7）要高度重视程序的严谨性，要保证程序规范、公开、透明，要在严格的程序正义框架下追求实体正义，程序正义是实体正义的保证和容器，任何理由的重实体轻程序都将付出沉重代价。

（8）要对常情常理常识有深刻的理解，还要有司法自觉，法律的适用不是机械化，不能脱离伦理基础，不能违背常识。司法官虽然是专业法律人，但首先是人，要运用人的一般良知来检验法律的伦理基础，要敬畏公众的朴素正义感，还要用朴素正义感来校正法律的滞后性。

好的效果，一定不是忙乱的、仓促的，而应该是有耐心的；一定不是凑数的、应付的，而应该是用心用情的；不一定是完美的，但一定是尽力的，而且这份努力能够让人"感受到"；不一定让每个人的诉求都被满足，但能够让人理解诉求不被满足的理由，能够让人有一种被尊重、被理解、被重视的感觉；实体上可能有不同意见，但程序上一定挑不出毛病；能够让司法官与当事人之间建立一种相互理解的关系；可能对结果心有不甘，但对过程心悦诚服；以后有事儿，还能相信法律。

情绪价值

我们想要什么,可以通过不想要什么定义。我们想要的过于宽泛,而且有很多不确定性;但我们不想要的是清晰的、具体的。

我们常常以为,成熟的标志就是完全控制住自己的情绪,让自己总是处于理性的状态,而不是随意发泄情绪。

我觉得这样说也不妥当,倒不是说一定要释放天性,而是认为情绪自有其价值。

1. 强调信号

就拿愤怒来说吧,似乎是十分不理性的。

但它确实表达了一种强烈的情绪信号,让对方知道哪些是自己的底线,自己的目标是什么,自己有多在意尊严受到挑战和冒犯。

这种情绪表达,其实一种警诫信号,给对方亮红灯,向对方清晰地表达出自己早就想表达的信息。

可能之前表达了类似的信息,只是对方没有当回事儿,也可能让他以为你只是随便说说。

愤怒的情绪就是传达"我不是随便说说,我是认真的"的信号。

也有人会问,难道语言、语气不能表达出这样的信号吗?非要通过情绪的方式来表达不可?

的确,语言语气可以表达相当一部分信息。

但是我们需要知道的是,我们接触到的外界信息太多了,经常处于信息轰炸的状态。也许我听过一件事,但可能没有认真听,即使认真听了,也未必要往心里去。因为我需要认真听、往心里去的信息太多了。

即使你使用了强烈的语气,对内容也加以强调,但我还是有可能不那么在意。

我们经常发现,有些人虽然表面上在强调一件事,但是他本人未必会在意,或者他提出了一个想法,但未必能够落到实处。

如果表达者经常不认真,就会让听众对他们的强烈语气和措辞形成某种免疫。听众对他那些夸张的措辞和语气已经见怪不怪。

此时,情绪就是一种重要的弥补和再次强调。

这就是情绪的强调价值。

2. 改变现状

但这种情绪往往是偶发的,但它的确有长期的价值。

比如发奋就可能来自一种情绪,比如愤恨。在这个意义上,奋与愤需要相似的情绪价值。那就是改变现状的持续冲动。这种冲动可能来自外界的轻视、压制,甚至欺辱。

虽然可以进行一时的、激烈的反抗性表达,但往往无效,只能带来更大的伤痛。真正的解决之道就是化愤怒为力量。也就是通过实际行动证明自己,其实也是改变并不如意的现状,通过努力突破重围。

这种努力由于比较辛苦,周期也比较长,因此往往需要一股气顶着。这股气就是一种情绪。

这种情绪往往有一种冲动的味道,并不一定十分理性。但是在这种冲动情绪的支配下,就可以克服重重的困难,这就是忘我的努力奋斗。你难以想象已经与周遭达成和解的人会有那么大的拼劲,反倒是有那么一股子执念的人更有韧性。因为他的情绪强烈到可以不把遭遇到的困难当回事。

这股子情绪并不怕压,越压反而越强,但是特别容易卸掉,也就是想开了,妥协了,随便吧。那样的话,拼搏的动力就会减半,因为他失去了目标和理由。

情绪可以是支撑我们爬坡过坎的内力。

3. 塑造人格

我们的人格是什么样的？

人们开始知道自己是什么样的人，并不是从肯定什么开始的，而是从拒绝什么开始的。我们通过反对为自己划定了一个清晰的边界。

我们知道谁是一个有原则的人，并不是他这样标榜过自己，而是他拒绝过别人，甚至可能是严词拒绝。只有通过拒绝，别人才能知道你的边界在哪里。

这种边界就是人格边界。

我们想要什么，也是通过我们不想要什么定义的。我们想要什么过于宽泛，而且有很多不确定性，但不想要什么是清晰的、具体的，而且都是有一些实例的。

这样大家只要把握住他不想要什么，就可以逐渐摸清他的喜好，他不喜欢之外的就是他大致可能喜欢的。

他的喜欢会变；他的不喜欢会相对稳定。

我们的脾气也在定义我们是谁。

情绪虽然有价值，却不能滥用，否则只是任性。而且只有适度的使用才能产生正面的功效，用过了反会适得其反。

完全没有必要排斥情绪，我们需要的是学会如何与其相处。

当命案不让退补

这些案件的卷宗虽然相对少一些,但是性质极其严重,刑事责任非常重大,是需要更加慎重的,必须敲针见响地掰扯、完善证据。

二审要补的东西越来越多,如果需要补的太多,或者涉及关键事实和情节,影响定罪量刑的,就很有可能要发回重审。

当你问公诉人,为什么这些、那些都没有查的时候,理由往往是"不让退补啊"。但你说,这可是命案啊。对方就会说,不管那个,都一样,压力都分摊到人头上了。

我觉得这样不妥。

即使我们对办案效率有要求,也绝对不能将重大复杂案件与轻罪案件做同样考量。就像对地市级检察机关办理的案件,在效率要求上绝不能与基层院一致。

只有无期徒刑以上,或者影响非常重大的案件才会在中级法院进行一审,这些案件涉及的被告人的刑事责任也很重,办理起来要慎之又慎。

这个慎之又慎怎么体现？当然就是不能太着急。如果都不能退补了，还怎么说是慎之又慎？

我们对效率的要求往往是一刀切的，地市级以上办理的案件并没有额外、单独的规定，也就是效率没有根据案件的重要性和复杂度进行区分。而且地市级院与基层院还有一个显著的差别，那就是前者根本没有数量庞大的速裁案件来背这个效率指数。

细致分析这个效率指数可以发现，虽然基层院总体上很低（越低代表着效率越高），但它们在经济案件、比较严重的普通程序案件中都是不快的。基层院的指数之所以比较低，是因为它们的轻罪案件体量大，可以背得过来整体的指数，所以总体上看就还好。

也就是基层院的复杂案件可以处理得慢一点，并不影响整体效率指标的大局，因此反而是相对轻松的。

但是地市级院不行，虽然案件数量上要小很多，但个个都非常严重、复杂，而且没有大量的速裁案件可以背这个效率指数。那些卷宗极多的重大经济案件是不可能快得起来的，至少案卷就看不过来。

这个时候好像能够快一点的也就是命案——这些卷宗相对少一点的案件了。

这些案件的卷宗虽然相对少一点，但性质极其严重啊，刑事责任非常重大，是需要更加慎重的。不是说卷宗少就一定可以快的,想要审慎办理命案,必须敲针见响地掰扯、完善证据。

正是因为证据少才更加需要完善,尤其是被害人已经死了,在缺少非常关键的证据提供者的情况下,外围的证言、客观性证据,包括一些鉴定证据都显得非常重要。

在没有多少人目击的情况下,每一个知情人员都非常关键,这些证据不是多点少点无所谓的问题。

我们也理解,这样的案件证据少是因为取证有难度,很多知情人员都非常难找,而且有些案件可能时过境迁了嫌疑人才到案。在这种情况下,想要了解到当年的情况,想要找到当年的人就更加困难重重。可能经过大量的调查工作,才能收集到几页或者十几页的证据。

因为,这毕竟不像经济案件,没有那么多的账目、票据、银行流水之类的证据可以调取,无法形成大规模的卷宗。

但我必须再次强调的是,不是卷少就容易或者简单,往往是因为缺少证据链条的一些环节让案件变得左右为难。完善这些证据是极为需要审查技巧甚至出庭技巧的,这需要检察官与侦查人员紧密沟通。

一方面,在审查逮捕环节引导侦查可以发挥一定的作用。

但是捕后侦查很难一次性搞定,而且很多希望取到的证据未必能够取到,但是从侦查的角度来看,这就差不多了,就可以侦查终结移送审查起诉了。

在审查起诉的时候,从以审判为中心的标准来看,这样的证据还是存在一定的欠缺的，还是会存在证据链条敞口的问题。在这种情况下，自然可以在审查起诉阶段继续要求补充侦查，或者不用退补而是直接要求侦查人员补证，只是这也很难在一个月之内完全搞定。

所谓的命案慎之又慎，就体现在这个地方。一些证据会随着案件的严重而显得格外重要，可能在一个轻微的案件中并不是那么重要的证据，在命案中就显得很重要。因为它可能影响的量刑幅度不一样。

前面提到过，命案中没有被害人可以提供证言，全程了解犯罪事实的人往往就只有嫌疑人，而他现在也有辩解。你补充了一下证据，他可能冒出一个新的辩解，没有人可以跟他对质。

而且有些严重的犯罪，会选择偏僻的、隐蔽的角落实施，取证的空间要比轻罪小很多，这就又给取证增加了极大的难度。

这种难度就必然影响取证效率，进而影响审查效率。也就是说一个轻伤害的案件，通过审查逮捕阶段的引导，以及审查起诉阶段的进一步引导，证据可能就差不多了。

但是命案可能就不够，因为命案对证据体系的完善程度要求更高，取证难度更大，因此耗费的时间必然更多，反复取证的情况也可能更多，多的时候甚至需要四五个轮次。

当然，这个轮次并不一定是正式的退补程序，而是可以包括审查逮捕阶段的引导侦查，审查起诉阶段的引导侦查。但是就这么两轮补充侦查，有时候对命案而言还是不够，往往需要进行一次或者两次退补才能让证据链条比较完善。

这么看，命案不让退补一定会影响案件的审查质量。即使一审判了，但只要一上诉，二审肯定要核实关键情节和事实。

这样一来，看起来不退补的情况下效率提高了，但实质上效率是降低的，而且是极大的降低，也必然影响案件质量。

这是不区分案件性质、复杂度而设置一刀切效率指标的必然结果。

反对效率至上

那些声称不牺牲司法公正就能极大提高效率的表态是不可靠的,更多的可能是案件质量风险暂未暴发而已,这只是个时间问题。

我从来不认为效率是司法工作最重要的目标。

上学的时候,老师告诉我想好了再发言。刚上班的时候,师父就告诉我,一定要把案子搞准。到了市院之后,领导明确告诉我,宁可慢一点,也要尽量避免出错,因为错误带来的损失是难以挽回的。

他们都告诉我不要匆忙行事,尤其是我们做的是重要的事,稳一点总是要好过毛手毛脚的。

我知道迟到的正义是非正义,但相比之下,司法更重在审慎。

首先要确保来到的确实是正义,而不是稀里糊涂的非正义,稀里糊涂的非正义即使到得早也不是正义,而且会败坏司法的威信。

正义是奢侈品，司法从来都不是快餐店，它图的不是快，而是公正、稳妥、恰当，在这些都能够实现的基础之上，然后才能说提高效率的事。

为了提高效率而牺牲公正的品质，从来不是提高司法效率的初衷。正因此，提高效率一定不是匆忙、简单的事情。

想要确保案件质量和案件效果，想要尽量保证公正，就必须进行充分的调查、审查，详详细细地了解情况，而且要权衡方方面面的问题。

大量的细致工作能不需要时间吗？如果一味求快，从而省略掉这些流程和细致工作，那公正又由什么来保障呢？

因此，快和好之间很多时候是无法兼得的，除非能够付出几倍的成本，否则想要在短时间拿到较高品质的司法公正那是不切实际的。

既不愿意付出司法成本，又一味要求在保障品质的前提下拼命提速，那更是不可能做到的。如果真做到了，那大概率是以牺牲案件质量和效果为代价的。那些声称不牺牲司法公正就极大提高效率的表态是不可靠的，更多的可能是案件质量风险暂未爆发而已，这只是个时间问题。

我坚持认为，效率从来不应该是司法的第一目标，只有公正才有资格做司法的第一目标。这是公众对司法的第一期待。

司法是社会矛盾纠纷的最终裁决程序，一定穷尽了所有的办法无法解决这些矛盾的时候才能求助司法手段；一定是其他法律程序解决不了的情况下才会动用刑事诉讼程序。

正因此,即使是小案子,也注定包含了此前不好解决的复杂性因素,加之刑事诉讼关涉名誉、自由乃至生命,必然需要慎之又慎。

在这种情况下,是尽量快点的事吗?一定是务必搞准啊。务必搞准,那就一定要付出必要的时间成本,否则如何保障"务必",又如何保障"搞准"?

想要确保每一个案件的高质效,就不能太心急。

有的人会说,我们没有把效率当作第一要务啊,但这些表态都没有意义,因为指标不骗人,只要将效率的指标当作第一性的指标来强调,那么效率至上的司法理念就不可能发生根本性动摇。

因为指标是刚性的,理念是柔性的。

不管你怎么说,还是指标往哪个方向跑,工作就往哪个方向跑。

这不仅是因为效率指标比较刚性,还有质量指标和效果指标无从跟上的原因。

效率指标容易操作,就比较容易设计出来,然后一刀切地行使,但是质量和效果如何衡量呢,没有更多的办法。因为不好操作,就干脆不考核了。这就从指标体系的结构上确立了效率至上的基本框架。

效率至上就容易导致为了效率而糊弄事儿。

如果还是好考核的就考核、不好考核的就不考核了的话，效率至上的问题就不会得到根本解决，质量和效果就会受到长期压制，这必然不利于高质效的发展。

现在可能不是求快的问题了，而是怎么考虑把办案节奏稳当下来。在法定期间内能够做到公正就是好的司法了。

通过透支精力的方式追求既快又好也是无法持续的。

不能把人逼得太急了，即使是一匹驿马，我们也知道要尽量省着点用，因为好马没有几匹。

不说话，就是好人了吗？

没有无缘无故的恶。当我们看到、谴责一种罪行的时候，往往忽视了这种罪行背后的恶行，而且后者往往更加隐蔽，不容易证明。

《漫长的季节》中，沈墨杀的最后一个人是大娘。

在她被大爷一次次侵犯、虐待的时候，大娘始终装聋作哑；她在弟弟被遗弃而苦苦哀求的时候，大娘默不作声。

她的质问直击心灵：你以为你不说话，你就是个好人了吗？

沈墨用自己的行动作出了评判，她想做一次审判官。

如果说，沈墨上学时候的两次杀人行为可能是因为自保、应激和报复，那么十多年后的再度出手，就变得十分理性和冷静了，她是在做评判。

用她的话来说，人与动物的区别就是人要为自己的行为付出代价。她来索要这个代价。

尤其是她面对大娘的时候，她要耐心地说出自己的判词，匆忙的杀人断不能满足她内心真实的需求。

她要的不仅是大娘的死亡,她要的是大娘死得明白,她要的是杀死平庸之恶。

她用自己的行为给平庸之恶判处死刑,让平庸之恶与虐待者、强奸者、构陷者同罪。

她将这种不说话不作声,当作一种不作为犯。这不是刑法意义上的不作为犯,而是年幼女孩心中的不作为犯。

唯一知情且能够拯救自己的人,选择袖手旁观。不仅袖手旁观,还要让人感恩戴德,感谢自己的养育之恩,让外人认为他们是相亲相爱的一家人。

这种虚伪与冷漠的结合,显得更加可恨、可恶。

但是由于被害人自己的羞耻心,让这种隐蔽的恶难以被揭露。这也是为什么校方在询问裸照来历的时候,沈墨选择缄默。

因为说出去也没人信,说出去会更丢人,她的大爷大娘,是深谙社会人情世故的老江湖,真话难以驳倒他们的油滑和虚伪,只能自取其辱。

这也是沈墨选择以暴制暴的原因,她不相信有人能给她正义和公平。

所以,有时候确实是没有无缘无故的恶,有时候恶是因为失去了公正的保护,由善良转变而来。

他们看起来凶残,但只是披着狼皮的羊。就像傅卫军,他看起来如此凶狠、决绝,却没有杀一个人,他只是守护姐姐的黑暗天使。

有几个镜头,傅卫军拿掉助听器,想大声说什么,却又说不出什么,眼泪瞬间流下来。

傅卫军与沈墨是亲姐弟,却不同姓,是因为他耳朵不好,曾经被大爷大娘遗弃,转给了一个傅姓人家,后来又被再次遗弃,到了福利院,最终这样走上社会。

应该说,傅卫军早早地体会到了世态炎凉,如果心不狠手不辣,恐怕很难在社会上生存了。他的冷酷和凶狠恐怕就是一种保护壳,也是求生欲的演化。

他在保护姐姐的时候,不惜对成年人大打出手,不惜折断堂弟的手臂,他的行为既是在施暴,也是对富商骄横跋扈、对大爷凶残淫邪的反抗。

整个片子让人看到了犯罪,却又莫名产生了对犯罪原因的同情。

确实是没有无缘无故的恶。

当我们看到、谴责一种罪行的时候,往往忽视了这种罪行背后的恶行。而罪行背后的恶行往往更加隐蔽,不容易证明。

虽然这些恶行不一定是犯罪,但不得不承认,这些恶行诱发了犯罪之恶。除了诱发犯罪之恶,还有姑息犯罪之恶,也就是平庸之恶,是以不作为的方式发挥帮凶的作用。

正是因为他们的普遍的不作为,不出声,才让有形之恶有恃无恐。

这种无形之恶不仅仅存在于有形之恶的周边，比如大娘，也包括其他知情人，还包括不认真调查的学校老师，听风就是雨的寝室同学，甚至包括一度怀疑沈墨的王阳，是那些缺少同理心，以道德优越感随意给别人定性、扣帽子、打板子的一切人。

这里边有多少就是我们自己和我们的身边人？

比如网暴、造谣是恶，那传谣是不是恶？

那些戴着有罪推定眼镜的执法者，那些不问青红皂白的机械执法者，是不是也是一种平庸之恶？他们以懒惰、盲目和任性的方式错误地进行了追究，并且以短视的方式放纵了表面恶行之外的真正恶行。

比如提出沈栋梁性侵嫌疑的马队，其侦查方向被粗暴的中断了，这条线索的中断不仅使得沈栋梁至死都没有被定罪处刑，并最终又引发了两起新的命案。

因为公权力不管的地方私权利就要自己主张，虽然这种主张是违法的。但是这种私力救济多多少少有着道义的基础，遭遇性侵性虐这么多年，毕竟应该有个说法。

而且案发十多年后，沈栋梁还拿着傅卫军的骨灰想把沈墨调出来，想亲手除掉她，这也是想兑现自己当年的"承诺"：你一定要死在我手里。用套牌车辆连续撞击沈墨就是明证，这就是杀人未遂。

沈墨杀死沈栋梁既是复仇，也是反杀，还是最终的了断。

最后她取得骨灰,让亲人安息。

这段情节包含了对执法机关的一再失望。对案件的追查,只有王响、彪子、马队这个退休下岗的老哥仨冲在前边。

这里有侦查能力的问题,也有侦查意识的问题,更有执着精神的问题。整个片子都暗藏这么一个根本性的命题:当公权不能作为的时候,只能私力救济。

如何不让悲剧再次发生?那就是尽量让正义不再缺位。这需要我们每一个人都能勇于站出来,至少不要不吭声。

不说话,也不会因此成为一个好人。

连锁反应

很多人做事往往只考虑加诸影响的那一个环节,很少有人顺着这个因果链前后多看两步,看看可能产生的间接影响是什么,可能引发什么样的风险。

前几天,有读者跟我说,最近工地摆渡车的增加与治理电瓶车充电有关系。

原来建筑工人上工也会骑电瓶车,尤其是改装型的大电瓶车。之所以要改装,主要是为了增加电瓶容量,从而提升续航里程。

为什么要迫切提升续航里程,还不惜改装?那是因为工地和建筑工人的居住地都位于城市的边缘地带,而且二者可能是对角线的位置,距离太远了。

有了大功率的电瓶车就可以自行上工下工,此时工地摆渡车自然没有市场。

但是,这些大功率的电瓶车充电时存在一定的安全隐患。也正是因为这几年电瓶车充电频频引发安全事故,政府部门才下大力气整治,从而让改装型的电瓶车没有市场。

这个安全隐患解决了,但是建筑工人的上下工问题就需要新的解决方案。

由于工地和居住地往往距离很远,尤其是居住地往往属于城中村,公交很少,地铁更是不要想了——离地铁很近的地方工人也住不起啊。

正是因为偏远才能住得起,但也正是因为偏远而无法享受城市便捷的公共交通。

在这种情况下,工地摆渡车才应运而生。这种摆渡车往往是工头张罗组织的。不张罗组织行不行?不张罗组织的话,工友们就没法正常上工,上班路上用一上午的时间,是谁也无法承受的。

想要在工地附近找工人谈何容易?

工地所在地虽然有的也偏,却不一定有城中村这种廉价的居住社区,也就是城中村也不是哪都有的,建筑工人也不是哪都有的。他们的分布也有自己的规律,想要招工用工也只能顺应这种居住规律。

完全管吃管住?这个成本又太高了,而且简易的工棚也不是谁都愿意住的。

可见,工地摆渡车也是连锁反应的产物。

在公共交通没有在城中村附近改善的情况下,一个小的治理因素就可能挤压有限的交通出行方式。

现在的问题就是，使用工地摆渡车有违法甚至犯罪的可能，但除此之外，目前没有更适合的解决方案。因为电动车也不好用来上工骑了，因为没有地方方便地充电了。

所以，有的时候解决了一个问题本身，就会成为另一个问题的原因，形成因因相扣的链条。

这就和我之前说的另一个问题印证上了。

有的商圈的消防意识很强，为了安全，禁止电瓶车使用电梯。基本上每个代驾都有一个折叠电瓶车，方便接活和回家。如果不能进电梯，代驾宁可不接这一单了，也不可能抛弃自己的电瓶车，所以就导致代驾下不了地库。如果所有的代驾都下不了地库，那么喝完酒的人就不得已要把车从地库提出来与代驾汇合。

但车一开出来，警察就让吹测试仪了，此时再解释也已经晚了。

这就是因果链条相互影响的反应：治理了电瓶车进入电梯的问题，这是正确的。但同时也让很多车主成了罪犯。

但这个因果链条很难破，代驾离不了电瓶车从而不下地库是正常选择，酒后的顾客因为代驾下不来而帮助提车也是正常选择，这些似乎都是正常的。它们加在一起却引发了一系列的犯罪，这不得不引人深思。

很多人都觉得自己是对的，然后就去做，很少考虑所谓对的事情可能产生的结果到底是好的还是坏的。到底是能够被人接受的,还是不能被人接受的。

很多人做事往往只考虑直接加诸影响的那一个环节,很少有人顺着这条因果链前后多看两步,看看可能产生的间接影响是什么,可能引发什么样的风险。

即使这些事实都摆在面前,很多人也还是顽固地坚持自己的观点。他们不太愿意反思,他们更加看重眼前。他们很少关注第一重影响之外的东西,他们急于撇清自己与影响之间的关系,从而产生某种安全感。

他们活在一个相对狭小的世界,却往往要受到真实世界的残酷提醒。一波未平,一波又起,按下葫芦起来瓢。我们必须注意一点,那就是世界是普遍联系的。一个事情往往会对其他事情产生影响,然后进一步将影响向外扩散。

如果不能妥善把握影响的因果链条,就可能导致失控的状态。

能够解决这种悖论的,就只有系统化思维。凡是解决一个问题的时候,一定要关注其他问题是能够因此得到改善,还是恶化。否则就相当于没有解决问题,只是让压力转移,问题暂时被遮蔽而已。

犯罪治理尤其需要系统化思维。

成　见

从有限样本中提炼的所谓"规律",本质上并不严谨,实践中经常会有例外的情况发生。

我们可望消除成见,却又无往不在成见之中。

很多时候,成见是相互的。

比如,外地人感受到部分本地人态度的轻慢,就认为他们对外地人存有偏见,进而认为本地人都排外,这就是一种成见。

外地人在一个地方待久了,有了当地的户口了,也自诩为半个本地人了,也会张口闭口外地人怎么样。那是不是这些人也成为他们曾经讨厌的人了?

可见,成见本身就带有某种立场。

成见随处可见,比如男的适合干什么,女的适合干什么;学历越高业务能力越强;学历越高越容易脱离实际;等等。

司法工作也有一些特定的成见,比如有前科劣迹,就容易再次犯罪;外地人犯罪都会跑路;骗子嘴里没有真话。

我们希望司法官能够客观公允,那就意味着要最大限度地破除司法成见。

就比如"骗子嘴里没有真话",这是我在专门办经济案件的时候,一位前辈告诉我的。

他的目的就是让我不要轻易被嫌疑人的辩解欺骗,最好以不相信嫌疑人的态度办案,以疾恶如仇的方式办案。

因此,他将经济案件的嫌疑人比喻为"骗子",其实他们涉及的罪名有些并不是诈骗。

但是这些案件确实有一些共同的特征,那就是犯罪的手法比较复杂,有些甚至达到了"烧脑"级别,而且嫌疑人的反侦查意识很强,因此往往不会轻易认罪。他们还有大量的辩解,辩解查核之后又会有新辩解,他们总能够找到自圆其说的办法……有时候确实把司法官耍得团团转。

我仔细琢磨了前辈的话,感觉还是有点问题。

我们怎么知道他到底是不是骗子?骗子的身份是如何证明的?如果不能证明嫌疑人就是一个骗子,那我们为什么就不能相信他的话?

即使他就是一个骗子,也不见得他说的所有的话都是骗人的。是不是骗子,并不是一个轻易能够下结论的事实,既然如此,就不应该得出过于肯定的结论。

嫌疑人说的到底是不是真话,还是要结合其他证据进行综合判断。其中第一步就是能够认真倾听,此时的倾听不应该带有成见。

如果我们因为他涉及的是经济案件，辩解比较多一些，甚至还有一点点离奇，就选择不相信，或者连听都不想听，那就是怕麻烦，就是在纵容自己的权力任性。

我们为什么会抱有一些成见？因为我们认为这就是规律。

通过以往的惯例，似乎就找到一些趋势，觉得以后也应该这样，觉得非常有可能这样，不这样都不正常了。

但是现实有时候不按牌理出牌。

我们以为的规律往往会失效，此前虽然有惯例，但可能是老黄历了，不能满足新的要求。因此，从有限样本中提炼的所谓"规律"，本质上并不严谨。实践中经常有例外的情况发生。如果我们选择对这些例外完全忽视或者置之不理，就只能让问题变得更糟。

如果盲目坚持成见，会显得不够专业。成见本质上是一种固化的观念，用以固化一些失之偏颇的看法。

成见的负面效应具有双向性。司法官对犯罪嫌疑人、被告人有成见，犯罪嫌疑人、被告人也可以对司法官有成见。前者有损当事人的心理感受，后者有损司法的公信力。

而且，成见一旦形成，想要恢复正常的信任很难。

说到底，只有秉持同理心，才能逐步放下成见。

放下成见不是自己有多高尚，只是避免成见负面效应的不得已之路。

利益与信服

这本来是额外的付出,但时间长了,就让当事人误以为这是应该应分的。司法机关并没有能力满足所有超越法律规定的诉求,但是只要不如之前的"到位",就会被认为是不尽心。

信服是不是一定与利益有关?

比如,一个经济案件,司法机关公正高效地处理了案件,体现了宽严相济,让重要的涉案人员承担了应有的责任……但就是赃款没有追回来多少。

此时,被害人会不会满意?他们会说,你别跟我说判了多少年,我就问你钱追回来没有?钱没追回来(就追回来这点儿),那我不是白被骗了吗?

是的,经济案件被害人在不满意的时候,经常会说,"那我不是白被骗了吗"?

意思就是,他作为被害人,司法机关就要对他承担完全的责任,至少是连带性的责任,赃款没有追回来的时候,司法机关甚至就应该代偿。

但这根本就没有法律规定，只是一厢情愿的想象，却代表了一部分被害人的现实诉求。这些超越法律要求之上的诉求，使得司法裁决很难让被害人全部满意。

只要没把钱要回来，或者是大部分钱没要回来，人家就有权说不满意，也不管要不回来钱这件事司法机关有没有责任。

那么，当事人对司法裁决的信服和满意，是否只和能挽回多少损失相关？也就是只要经济利益到位，公正就在其次了？

那是否意味着关注经济利益，甚于关注判决公正？

事实上，两者都需要耗费大量的司法资源，有时候的确不能兼顾。

我并不认为经济利益绝对高于司法公正，在价值取舍上公正的至高地位是不能动摇的。

因为，没有公正，利益是要不回来的，要回来也分配不了。比如，罪都定不了，哪有赃款返还的余地？

你想要追回更多的损失，但是如果犯罪数额认定不了那么多，即使有财产也无法追缴。

只有公正的前提建立了，之后才有损失弥补的事。

有些时候，明明有财产，但公安机关就是不敢扣押冻结，为什么？因为嫌疑人不认罪，客观证据也不充分，侦查人员也拿不准案件的走向，所以在追赃挽损时必然有所保留。

这是因为如果扣押冻结的财产数额远高于最终认定的数额，那也必然会产生一系列的麻烦。

从这个意义上说，在案件办理的初期一定要将主要精力放在证据收集上，只有证据收集得差不多了，定罪证据，包括认定犯罪数额的证据比较充分了，承办人心里比较有底了，才会大规模开展赃款追缴的工作。

这就导致追赃挽损的动作看起来慢了，但这才是按照司法规律走的必然结果。

财产类、经济类的案件中，赃款大多被挥霍或者转移了，很多时候就是要不回钱的。但被害人未必能够完全理解，他们要求司法机关承担嫌疑人应当承担的赔偿责任。

这一方面是我们普法宣传不够，另一方面也是司法机关仍然缺少不可置疑的权威。有时为了平息当事人及其家属的意见，司法机关会调用资源承担一些超越法律规定的义务。

这本来是额外的付出，但时间长了，就让当事人误以为这是应该应分的。即使有一些司法官不买账，但当事人可以通过施加压力的方式迫使他们就范。

不管法律有没有规定，只要曾经多次这么做了，就容易形成一种司法先例，以后即使没有外部的压力也不得不这样办了。

此时，司法满意就更不容易获得，因为司法机关并没有足够的能力满足所有的超越法律规定的诉求。但是他们的胃口已经吊高了，只要不如之前满足的"到位"，就会认为是司法机关态度不好，不尽心。

需要强调的是，追赃挽损是司法机关的法定职责，应该履行，也应该尽量履行好。但是这项工作有相当大的不确定性。有可能主犯卷款潜逃，到案的只是一些次要的嫌疑人，他们的获利非常有限，而且也没有太强的经济能力。

虽然有些人要对全部犯罪数额承担责任，但毕竟没有拿那么多钱，也肯定无法退回那么多钱。虽然这些人退了钱，但往往是小钱，分配下去也没有多少，这就难以让被害人满意。而有些主犯虽然已经到案，也认罪悔罪，但就是拿不出钱，或者不愿意说出赃款的去向，想要给自己留个退路。

他们知道即使退了很多钱，对刑期也没有太大的影响，因为认罪认罚也不是一个法定减轻的情节，到了刑档就下不来了。这就会对嫌疑人失去吸引力，因为大额赔偿也不会对刑期有太多实质的改变，他们就会觉得退赃的性价比不高。

这里就有一些法律制度上的障碍，只靠司法官的劝说是不能解决根本问题的。因此，想要提高司法的满意度，还是需要不断完善一些制度机制。

群众的满意度由于存在经济利益诉求，因此这样的不满意并非公允的不满意，表达的未必是对司法公正不满意，只是对利益没有得到满足的失望而已。

对此，我们也应该以专业的视角辩证地看待这种与经济利益相关的不满意。

第四章 环境

法律职业的未来

法律职业共同体的流动性日益降低,都是在自己的圈子里打拼,没有了外来竞争者,反而更加难以竞争,都是暗暗较劲儿。主要是因为机会确实变少了。

法律职业越来越不好干了。

倒不是说人工智能马上要替代我们了,暂时可能还没事儿,但是以后谁也说不好,只是确实存在一些新的趋势,需要关注一下。

1. 流动减小,但竞争加剧

这似乎是一个悖论,但确实是现实。

首先是不太提"法律共同体"了,实践中法律职业之间的转换频次降低了。

无论是司法官离职当律师,还是律师受聘当司法官的现象都减少了。

司法官离职当律师的减少,一是因为司法责任制带来的待遇提高,二是现在离职难度和门槛提高,三是律师行业本身也没那么好干。这就导致不少助理虽然入额无望,也还是选择留在司法机关。

我认为归根结底还是择业成本变高了,以及年轻人对风险的承受能力降低了。

律师受聘当司法官前些年还有一些报道,但最近几年很少听说,确实也没有形成规模。

法律职业共同体的流动性日益降低,都是在自己的圈子里打拼,没有了外来者的竞争,反而更加难以竞争,都是暗暗较劲。主要是因为机会确实变少了,蛋糕没有做大,有的地方还做小了,这就加剧了竞争的激烈程度。

法律共同体这个边界并没有得到显著的扩展,甚至还有收缩的,但是毕业生还是不断地进来,这就导致每个人获得的机会被摊薄了。

对于司法机关来说,主要是员额的流动性很低,这也是制度设计之初可以预见到的。反映到基层就是员额指标枯竭,一年都出不来一个。但是新人还是一茬接一茬地来,大家除了等着也没有什么好办法。员额没有到退休年龄,年轻人也都不走,大家就这么看着。

2. 回报降低,但能力要求变高

人多机会少,回报自然降低。

这个无论体现在收入的增加还是机会的获得上,都是一样的。所以很多法律人感觉钱不好挣了,工作不好干了,发展有点慢,这本质上都是流动性机会减少造成的。

与此同时,工作要求都不断在增加,不要说干好,连做到及格都要不断提高本领。就拿司法机关来说,现在办案需要依靠大数据思维,但是很多司法官还是缺乏这方面的意识。

社会的发展不管这些,社会的发展就是普遍数据化,很多犯罪都是隐没于大数据背后的,如果没有大数据思维这个金刚钻,就揽不了这个瓷器活。

这就需要司法官拥有复合型的能力和思维,也确实需要下一番苦功夫。

律师也一样,案子不好办,因为其他行业也不好干,也就没有钱来请律师。

如今,法律体系越来越复杂,法律法规越来越多,司法解释越来越厚,最可怕的是还有了许许多多的指导性案例,更有数不胜数的典型案例。

而且,实践中的领域细分也越来越专业,很多类型的案件都需要重新学习相关的知识。不用动脑筋就能挣到钱的案子越来越少了,动了脑筋也不一定能挣到钱的案子越来越多。

3. 发挥空间变大,但展示空间变小

现在司法理念不断解放,更加人性了,司法机关可以高效

地把新的法律要求落实到位。

　　这是以往难以想象的，也给律师意见被采纳创造了机会，使其更容易获得当事人的满意，可以宣传的职业成绩变多了。某种意义上讲，以往的各种困难其实是在减少，虽然还有不满意的地方，但总体状况在变好。

　　法律体系和司法运转过程中的权利保障越来越充分，这似乎为律师职业创造了更大、更好的舞台，但这个舞台被看到的机会正在减少。比如庭审直播变得越来越稀少，庭审实质化也不太提了。也就是不管你现在在法庭上怎么表现，可能也没有多少机会能被看见了。不被看见，就很难得到关注，失去了庭审的情景，任何事后的描述都显得有很强的主观色彩。

　　这些就是法律职业面临的现实，但未来呢？

　　我对未来有三点判断。

1. 法律职业的蛋糕需要的不是切割，而是做大

　　专业化固然重要，但是边界的扩展才是最重要的。法律职业在专业性上来讲，是相对远离大众的。如果不摊上事儿，谁也不会找法律方面的专业人士。

　　虽然摊上事儿之前就找法律方面的人来指点一下更好，但问题是，怎么找，找谁，以及价格能不能尽量降低？

　　律师很多，但司法机关人力资源是有限的。世界越来越复

杂,法律体系也越来越庞杂,人们与法律发生关系的可能在不断增加,人们用法律知识保护自己的需求增加了,只是因为缺少渠道而已。

法律是尚未被互联网彻底改造的行业。

我个人认为,未来,法律职业+互联网+强人工智能将极大拓展法律的边界,有可能让每个人都可以几乎免费获得高水准的法律服务、相对低廉的专属法律服务,从而打破法律服务的地域边界、行业边界和圈层壁垒。借助各种自媒体平台,法律人可以接触普罗大众,只要足够勤奋和优秀,一个小镇律师也完全可以为大城市的企业和个人提供非诉讼的法律远程服务。

一个真正意义上的法律服务大市场也有可能建立起来,在这个更大的法律行业空间,虽然竞争更加激烈,但每个人的机会都会得到扩展。

2. 复合型的法律人才更有优势

法律人最好能够搭配一些理工科的背景,这样的法律人更能够突破一些具有专业壁垒的案件,不必一味依赖专家证人——其本身也是半个专家。

只有具备专业的知识,才能知道如何有效收集证据、审查证据以及利用证据。上班以后再学习这些知识,难度会比较大。我建议法学专业的在校生最好选修一些这样的课程,如果可以,辅修一些这样的学位更好。

就像一个有数学专业或者计算机专业背景的法律人去搞大数据，显然更有空间。也就是拥有人文精神的理工科知识将会在现代社会如鱼得水，这方面的例子可以想想乔布斯。

因此，未来的法学教育，除了面向实践，还可以面向理工科的专业知识，至少高等数学绝对不能再搞成选修，最好设置为必修课，因为这些知识上班之后再学是很有难度的。

3. 司法公开不仅有利于公正，而且是为法律职业成长搭建舞台

如果演员演的戏不被观众看见，那他怎么可能成为好演员？

缺少足够的压力和足够的激励，他演得好与坏都不会被人看见，也就无法得到必需的反馈。没有反馈他就不知道应该怎样完善自己的职业技能。

案件的办理过程也有相似的逻辑。司法公开不仅有利于公正，也有利于法律人的成长。这个成长不仅是律师的成名，也包括司法官自身的成长。

没开过大庭的公诉人，别人怎么知道他能办大案子？

所谓的"开过大庭"，最直观的体现就是旁听的人多，对方的辩护人也多，感觉要舌战群儒。还有就是案子的社会关注

度高，可以通过出庭的表现将案子的影响放大。如果能有庭审直播，那影响就更大了。

当然，这个影响是双向的，既可能获得喝彩，也可能因为表现糟糕而招致批评。

这些都是真实的反馈，它们能让公诉人知道自己有几斤几两，知道自己哪有问题，如何扬长避短。比如要苦练内功，要重视证据和引导侦查，必须把证据搞扎实，把法律条文吃透，反复磨炼语言表达技巧。

这些个人化的磨炼过程，显然是有利于司法公正的。

这种可以放大影响力的公开场合，对律师也必然拥有极大的吸引力。他们的一言一行都会被更多的人看见，如果表现得好，可以直接获得名与利的回报。因此，他们也必然拼尽全力准备迎战。

一方面千方百计避免被挑"毛病"，另一方面一定要把"毛病"挑出来，双方是在共同查找案件中的"毛病"，要么是自己主动挑出来，要么是被动地被对方挑出来。总之，这种比赛挑"毛病"的公开方式，必然是对司法公正的更好加持，让司法公正可以百炼成钢。

恰恰是在这种公开化的司法竞技中，法律人也百炼成钢。这正是法律人的一条成长之路。

职业的成长性

不同的职业环境确实有不同的发展速度。这个速度的快和慢，也是有相对值的。不能只跟原来的自己比，也不能只跟原来的同事比；还要与现在的同事比，尤其是与有相似经历的人对比。

选择一份职业，最重要的标准到底是什么？

大学毕业那会儿，有人戏称为"钱多、活少、离家近"。

这种工作是很难找的，现在想来，这种工作也可能并不能满足我们的需求。

我以为，找工作的第一标准仍然是成长性。也就是你不要看入职的起点薪水或者待遇，而是要看它有多大的空间。比如待遇开始不错，但是如果成长的速度非常慢或者空间很小，那也会失去真正的吸引力。

虽然有些硬件条件可能压倒其他所有条件——这确实也是一种客观优势。但是，在维持这份工作，希望能够长时间干下去的时候，仍然会想到职业的成长性。

无论是遴选到上级单位，还是到其他单位，或者辞职之后自由择业，目的也一定是职业的成长性。

简单一句话，就是在一个地方发展得慢了，要到更有前途的地方。这个标准的评估，可以从周围的环境得出参考。

如果同时就职的人的发展速度明显快于自己，就很容易心理不平衡，尤其是这些发展快的人在能力上不如自己的时候。

但什么是"发展得慢"？这个判断比较主观，可以从以下几个方面参考。

一是对自己真实业务能力的评价；二是对其他人业务能力的评价；三是对激励规则的评价。

比如一个人认为自己能力远高于其他人，但发展的速度和晋升的速度比较慢，那他就容易联想到激励机制有问题，一般不会怀疑自己高估了自己的能力。

如果对自我的评价以及对他人的评价过于失真，那对职业成长性的判断也必然失真。

这样就会带来盲动选择问题，也就是以为现在发展得慢可能是规则问题，没有看到自身的能力不足。

这样，即使再次选择职业也不能从根本上解决问题，也还有可能因为高估自己的能力带来职业发展方面的失落。

也要承认的一点是，不同的职业环境确实有不同的发展速度。只是这个速度的快和慢，也是有相对值的。不能只跟原来的自己比，也不能只跟原来的同事比，还要与现在的同事比，尤其是与有相似经历的人进行对比。

如果只比原来的老同事发展得快一点，却明显落后于现在的同事，那就说明你的发展不是快了，也有可能是慢了。

那么应该怎么看待职业成长性，以什么标准来看待职业成长性呢？

1. 应该是自己所希望的成长

自己想成为什么样的人，在职业选择时应该有一个相对清晰的概念。现实中的成长就是往自己理想中的职业目标更近了一步，也就是正在成为自己希望成为的人。

那些看似有成长性，却与自己的价值观、发展观背道而驰的发展，很难说是真正意义上的发展。

2. 应该是长期的成长

成长当然要看速率，要看进步的速度到底有多快，而且要放在整个职业生涯中才有意义。

有的人开始的时候很快，但后面会长期停滞，也就是说没有空间了；还有一些人虽然速度慢，但一直在发展，而且空间足够大，也就是有持续的、连续的成长。

仔细算来，那些持续性成长的岗位更为稳健。

3. 成长不限于物质性待遇

物质待遇虽然很重要,也非常现实,但这并不是全部,还有更多精神上的目标,比如社会影响力、行业认可度、个人成就感,等等。

4. 成长要考虑终极性价值

除了待遇、职位之外,还要考虑个人的终极价值。也就是你到底想成为一个什么样的人,当你离开这个世界的时候,你希望给社会留下什么样的印记。

这些很有可能与一般意义上的成长不一样,似乎虚无缥缈,我却认为它是最为真实的,也是能使我们校正发展的航向的价值。

我们容易偏向更加现实的目标,满足短期的发展需求;容易忽视那些长期的、终极的目标。因为后者一般不能给我们现实的利益和需要,但它们确实值得我们为之终生奋斗。

因为,我们需要在人类社会这个谱系上留下自己的一笔,懂得自己真正想要什么,应该干什么,并据此安排职业规划,进行时间分配。

所谓的职业成长性,是希望自己成为什么样的人的另一种说法。

司法官的职业教育

司法官职业教育的主要方式就是"司法官教司法官",这个活儿外人干不了,只能自己人干。工作了十几年二十年,有了足够的实践和理论积累才能教别人。

工作了之后才发现,所谓的教育远远不止于学校教育。

比如司法工作,每年还是会有集中的培训班,也有日常性的专业培训班。

最高司法机关和省级司法机关都有一些实体性的组织机构来承担这样的职业教育任务,比如国家法官学院、国家检察官学院以及各省的分院。

我既从事了一些培训班的设计、组织工作,也承担了一些教学任务,作为学员也参加了不少培训班的学习,因此对司法官的职业教育也有一些心得。

1. 应该学什么

职业教育与学校教育还是有很大区别的,前者更加关注实用性和可操作性。

很多时候,学校教的知识在司法实践中"用不上",实践工作需要用的知识学校里没法教,司法机关也就有必要根据业务需求组织一系列的再教育。

加之如果不能让司法官掌握最新的司法理念、法律知识和司法技能,就会影响司法质量,增加冤假错案的风险,会严重影响司法公正,因此司法职业教育是每一个司法机关都十分看重的工作。

那么,司法官应该学什么?

显然不是法律基础知识,因为这个学校里就教过了,而且司法官自学也没问题;也不是基础理论,这个主要是法学院的职能,而且过于复杂的基础理论就变成了学术探讨,也缺少对实践的指导意义。虽然司法本身就是专业性、理论性很强的工作,但司法职业教育要教的肯定不是纯理论,而必须是与业务实践紧密结合的理论,要突出理论的实践属性。

比如出庭工作,讲证人出庭、直接言词的理论就没有太多的意义,它必须结合具体的司法实践才能为人信服。

接受教育都是成年人,他们首先是接受过系统法学教育的人,硕士学历占到了相当大的比例,还有一部分是博士。其次是他们都已经具备了丰富的实践,是以司法官的身份来接受教育的。所以,他们想要学的肯定不是书本上和法学院课堂上就能学到的东西,他们要的是理论与实践相结合的东西。而且,这个结合要反应司法业务发展的最新需求。

现在的问题是法学院的教育与司法职业教育之间存在一些脱节。

比如刑事检察工作，学校就没怎么讲过。讲刑事诉讼法的时候，检察环节的内容就只有一点儿，还常常和其他程序一起讲，单独涉及刑事检察环节的内容就更是少之又少。

刑事检察是检察机关最核心的职能，刑事检察人员最多，承担的案件最多，与当事人接触也最多。那么，给刑事检察的检察官讲什么？

这也是我这几年写"50讲"系列的初衷，就是建构一套司法系统自身的知识体系。

比如，出庭工作是刑事检察最核心、最难的一块儿工作，但学者的研究不够，往往停留在理论的介绍层面。我们的学员想要学的是出庭知识和技能，想要学的是在现有的法律体系框架下，如何最大限度地履行出庭指控职责，从而适应以审判为中心的工作需要。

即使他们要学习以审判为中心的刑事诉讼制度改革和庭审实质化，也不能只学习政策变迁，而是需要这些与鲜活实践的结合。

2. 应该怎么教

司法职业教育的特殊需求决定了它不是学校教育的延伸，

不是大学老师来教一下就行了的事情。

从这些年的职业教育经验来看,基本上形成了一个共识,那就是司法职业教育的主要方式就是司法官教司法官。这个活儿外人干不了,只能自己人干。专家学者可以做一下补充,但肯定不是主流。

因为司法实务太专业、太复杂了,它是建立在深厚的学术训练基础之上的复杂。即使是硕士毕业,从事司法工作也只是从零开始,甚至工作十年才能算是摸到一些门道。工作了十几年二十年,自己有了比较足够的实践和理论积累才能教别人。

这也是司法机关一直比较重视司法教官的原因,他们只能从自己人中培养,培养的成本很高,也不是谁都适合。因为不好教,教学方法也在一个摸索的过程。

早期的培训方式也比较传统,一般是准备一套课件,配有讲稿。一边念讲稿,一边放PPT,也就是照本宣科,还有一些人直接念PPT。

不管怎么说,这些讲稿和PPT都是司法官自己的总结,学校里没有,书店里也买不到,毕竟是一些独家的东西,因此也可以说是实践的总结和经验的提炼。

这些总结和提炼,也会引用不少法律规定、学术理论、政策文件和具体案例。比如对某一个文件的解读,就要包括这个文件的背景、主要内容和需要说明的问题。

再比如讲某一个专题,就要对这个专题进行系统梳理。

但是由于PPT不好做，有些人的PPT并不是自己做的，所以讲的时候就会比较生硬，好像他们也不知道为什么会有这么一张PPT。

这种情况下，上面讲不明白，下面自然更是听不明白，但听不明白也只能听着。这就有必要从受众的角度考虑教学内容和教学方式。

首先，每一门课都要单独准备，即使题目一样，但学员不一样、地域不一样、时间不一样，内容也不能完全一样。

其次，要讲理论与实践融会贯通，在提炼经验规律的同时结合真实的案例，最好是结合自己经历过的司法实践进行现身说法，这样才能让学员感同身受。

再次，要能够根据现场的变化随时调整授课的内容，从学员的角度考虑表达的内容。

最后，我建议采用即席表达的方式来完成教学，也就是不再准备讲稿和PPT，全靠日常的积累和准备，在学员面前和盘托出，与学员始终保持延伸交流，从而实现沉浸式的教学。

环境的塑造作用

在规则更加公平的环境中，可以满心期待地全力打拼，因为这里是可以靠业绩说话的。否则，努力就毫无意义，既不能得到激励，也失去了通过激励获得的不断成长。

有人说，生活的环境比上辅导班对孩子的影响要大。

因为孩子是要从身边学习的，虽然对家长的要求可能有所排斥，但他们还是会默默地向身边的成年人学习。这就是耳濡目染吧。

对此，我是非常认同的。

小时候的环境，是没法自由选择的。长大之后，虽然也不能完全进行自由选择，要受机缘、综合实力等方面的影响，但毕竟是拥有了一些自主选择权，比如选择行业、工作城市等。

我们可以选择放弃和重新开始，其中会有巨大的成本。因此，从最优的角度来说，最好是在一开始就设计好发展路径和战略，避免以后在这些方面进行调整，否则前期的投入就会造成浪费。

人的黄金职业生涯是比较短暂的，尤其是机会成本，更是浪费不起。

比如有人从一开始就选对了赛道，虽然跑得慢，但也已经跑两圈了，而且还在持续奔跑，现在要重新追赶他，你要用多快的速度、花多长的时间才可以追上人家？

你在努力追赶，人家也持续奔跑，再加上人家有累积优势，所以追赶上去并不容易。

这就是职业中的先发优势和先手优势，这种优势并不是简单地通过跑上十圈就可以超越的，而是可能需要用一生去追赶。

追赶者必须拥有钢铁般的意志，拥有超越于对手好几个层次的实力，还必须保持长期的稳定。我问一下，这些都具备的追赶者有几个人？

更多的人，只是普通人，实力、意志、耐力都一般的人。这就决定了谨慎选择要比盲动调整有价值得多。

这就是选择职业的时候，必须要考虑的环境。这个职业环境就像我们给孩子选择生活环境一样，也应该慎之又慎。

很多单位环境好，就总是出人才。环境不好的地方，就成了染缸，人们不但没有学到真东西，反而染上了不少坏习惯。

这些坏习惯，包括但不限于：挑活儿、搞小圈子、搞关系、推过揽功，不用干活就能把成绩拿到。这种环境下，可能越是想干工作就越是吃亏，因为没有时间去搞这些七七八八的事情，你把精力都搭在工作上了。

如果适应了这样的环境,也许可以获得一时的风光,但是由于没有学到真本领,一旦换到一个需要凭真本事吃饭的环境就不行了。

所以,在选择工作的时候,除了对工作内容要有所了解之外,对单位的环境也应该有所了解。毕竟要在这个地方长期生存,来了之后可不是那么容易就走的。

在规则更加公平的单位,可以满心期待地全力打拼,因为这里是可以靠业绩说话的。

如果这个地方的规则并不注重业绩,那么努力就变得毫无意义,既不能得到激励,也失去了通过激励所获得的不断成长。

那么,外人如何了解一个单位的真实环境呢?

其实也相对简单,就是问几个人,观察几个现象。

(1)问那些留下来的人,为什么留下来,看看回答是冠冕堂皇还是发自内心。不是简单地听理由,而是听听他们的弦外之音。

(2)问那些离开的,为什么要离开。听听他们对老东家是怎么评价的。抱怨也没有关系,关键看抱怨得是否有道理。如果离开了,仍然还夸赞不绝,那说明氛围还是挺好的。

(3)问那些发展不顺利的,听听他们是怎么抱怨的。看看是规则的公平性问题,还是只是个人的能力问题?

(4)观察那些进步比较快的,看看他们的业绩和品质,就能看到一些导向性问题。如果存在逆向淘汰,那就赶快敬而远之。

（5）是否有人才的正向流动？也就是人才向上输出和提拔，是否总出人才，形成了一定的规律？还是只是被动的人才流失，谁也待不长？这是两种不同的现象。

（6）看看单位的业绩是否突出，是否务实，能否打动你。净是那些看不下去的表面文章，也就可以算了，气场不合，没有必要勉强。

（7）观察人的整体精神状态，是比较呆板，还是充满活力。

（8）是否具有包容性，多元性够不够。

（9）年轻人都在干什么，是否有充足的机会能够在较短的时间独挑大梁？也就是信任度怎么样，敢不敢给年轻人机会。看看那些突出业绩都是谁干的，他们大概的年龄是多少。

（10）是不是老加班，工作业绩是通过加班实现的，还是通过机制创新实现的，这体现了管理水平和工作效率，疲于奔命的氛围与轻松愉快的氛围还是有很大区别的，这对身体健康也有非常重要的影响。

这么看，选择职业环境的能力也是职业发展能力。

交不出去的案子

让别人出自己的庭就像让别人带自己的孩子，总是有那么一点儿不放心。

材料不管怎样复杂，都可以移交，只要把材料的载体转给别人就行了。

但是案子不行，因为这里有责任的问题，谁也不愿意接别人办了一半的案子。

所以案子往往跟着人走，因为很难把案子交出去。你也不能甩手说不办就不办了，因为超期了，出问题了，责任还是你的。

综合性的工作就好很多，责任没有那么具有人身性，只要离开这个岗位了，一般也就不好再找人家了。

但案子就像长在人身上一样，要对它终身负责，走到哪里就办到哪里。即使要离职，要调出，也会让你办完再走。很多遴选到上级院的，本院也迟迟不启动法律职务的免职程序，目的就是让人把案子处理完。

这是为什么呢？

因为案子的责任是刚性的，分给谁就是谁的，不能任性地不要它、不办它，否则要承担严重的纪律后果和法律责任。

也就是案子一旦分到手里，就不是想办就办、不想办就不办的，办这个案子就是一种法律义务，必须履行不可。而这个履行是司法官个人属性的，也就是分到你的人头上，责任就在你自己。

这是因为案件确实有它的特殊性，需要司法官亲历性地审查，这种亲历性具有不可替代性，也具有不可调换性。

你提讯了，并不等于我提讯了，我俩对嫌疑人的判断不一定一样。

因此，就算你提讯了，如果案子交给我，我还得提讯一遍，否则我心里是不托底的。

这个案件你认为应该起诉，但我不这么认为，所以如果让我出别人起诉的庭就会比较难受，因为我不一定理解别人的起诉思路。不仅诉与不诉，还包括对起诉的罪名，起诉的事实以及量刑建议，可能都有不同意见，对于证据梳理也可能有不同的看法。

因此，给别人的案件出庭是极其痛苦的事。而且，很多负责任的公诉人也不愿意让别人出自己案子的庭，因为他们也知道别人不一定能理解自己的起诉思路，即使很详细地做了介绍，也还是害怕在法庭上有什么意外，别人不一定能够及时回应，尤其是对那些细节未必能够理解到位。

让别人出自己的庭就像让别人带自己的孩子,总是有那么一点儿不放心。

还有一种情况,你审查了一半的案件,审查期限也用掉了大半,对你来说可能快审完了,但是对我来说却要从头开始,我就很害怕来不及。

尤其是延期退补过的案子,要考虑当时是否提出了恰当的补充侦查的意见,如果这个意见和自己理解的不一样,自己想要补的东西当时没有提,那么就感觉白白浪费了大半的审查期限,现在即使要补查也有点来不及了,就显得非常被动,这个案子最后的效果就可能不太好。

这个效果不太好的原因主要不在自己,但最终的不利后果仍然还是要由自己承担,这就有点有苦说不出。

所以,谁都不愿意接受别人办了一半的案子。而且从效率上来说,承接别人的案子并不等于自己会少分案件,往往还是该怎么分就怎么分,原来的案件也是该怎么办就怎么办。

这就意味着工作量直接翻倍,很容易影响工作节奏。

实践中,大部分承办人的工作包括打卷、出庭、提讯、与侦查人员沟通,还有各种会,日程安排得满满的。

能有一点点空闲时间,可能还要用来应付家里着急的事儿,所以也有人说"连生病的时间都没有"。

现在案子突然翻倍,给过来的又都是快到期的案子,时间肯定倒不开啊，只有疯狂加班。

这样不仅家里完全不顾上，身体可能也受不了。身体一旦出状况，不要说承接的案件，自己原有的案件恐怕也就没法办了，日子都不知道该怎么过下去呢。

但是在时间已经都排满的情况下，从别人手里接过来十几件案子怎么办呢？也不能随便办啊，因为只要接了，就要承担责任。

有人说，接手的未必就是复杂案件吧，也不见得就这么恐怖。但就我的经验来说，只要甩下来的案件，就不会是什么好办的案件。凡是好办的，原来的承办人也就都办完了，甩下来的案件，一般都是骑虎难下的腻歪案子，证据上可能一塌糊涂，不起诉可能有舆情，起诉的话证据上还真不太够，让人左右为难。

时间长了，大家渐渐都知道这个情况，也就不勉强别人，而是尽量让原承办人办完，学会对自己的案子负责到底。这样似乎对大家都好。

这也是司法责任的意义吧。

工作中的"巨婴"行为

司法官是负有法定职责和法定义务的,不是想干就干,不想干就不干的。那些愿意承担的人,默默付出,支持着事业的基本盘。

"巨婴"是一种心理现象,也指一类人,大概的意思是虽然已经成年,但心智仍然停留在幼儿阶段,是极不成熟的人。

工作中经常能碰见这种人,让人啼笑皆非,关键也确实耽误工作,不仅影响个人成长,也影响整体的环境氛围。

1. 张口就问

任何案件,从来不查法条、翻案例、找文件。张口就是这个案子怎么办啊?定罪标准是什么?

不会自己查吗?

不会。

其实就是懒得查资料,也可能是不太会查资料,查起来比较耗费时间精力。

如果张张嘴就能拿到现成的结果，那不就都省事了吗？

就像一个孩子遇到生字不去查字典，只知道张口问大人，那他就很难把生字记得牢固。

只有自己查到的东西，才会记忆深刻，而且他越是翻找资料就越是善于翻找，下回有新问题的时候，他还是可以通过查资料的这个方法解决问题。

如果他没有掌握解决问题的方法，任何一个普通的问题对他而言都会成为一个难题。

一个法律人老是向别人讨要法律依据，那还叫什么法律人？

2. 有模版吗？

这种情况就是干什么事都要模版。

打个案子要审查报告的模版，其实系统上是有范本的，但他要的不是那个范本，他要的是类似罪名、类似案件的审查报告模版，这样很多分析思路就可以照搬了。

至于各类公文，比如通知、方案、规范性文件也都是首先要模版，然后往里套。

如果这个活之前没人干过呢？没有模版呢？那就不会干了。没有模版让人家怎么写？人家只会套模版，不会造模版。

第一个干这个活的人，肯定是没有模版的，那么他怎么办呢？他肯定是要付出创造性劳动的。完全依赖模版的人就是不愿意付出创造性劳动，就是不愿意动脑筋。

最好是机械劳动型的活儿，不要太复杂。太复杂的活儿没法干，干不了。

3. 我不管了

这话说得极其轻松，这样完全就把自己的责任卸下来了。但是作为成年人，尤其是作为司法工作者，责任能够说卸下来就卸下来吗？

司法官是负有法定职责和义务的，不是想干就干，不想干就不干的。现实甚至是想不想干都得干，这就是职责所在。

那些轻易说出"我不管了"的人，就是缺少最起码的责任心。

碰到困难，首先要想怎么克服，去想办法，何况只是最低级的困难，如果这样就放弃了，怎么能够承担重大责任呢？

作为意识和能力健全的成年人，作为司法工作者，能说不管就不管吗？

4. 谁爱管谁管

谁爱管谁管，就是更进一步的对结果持完全不关心，甚至轻视、漠视的态度。

你不管了，谁来管呢，谁又是爱管的人呢？

自然是那些不会推诿责任的人，要么是你的上级，要么是你的同事。

但是这明明是你的工作，每个人都有自己的职责任务。你撂挑子了，别人的担子自然就要沉了。

整个集体的分工结构就会紊乱。这不仅是对自己的不负责任，也是对集体的不负责任。

这样的人，谁会愿意与之共事？

那些所谓爱管的人，并不是爱管闲事的人，更多的是不愿意推诿，愿意担当的人。他们默默付出，支撑着事业的基本盘。

5. 放着吧，谁爱着急谁着急

有时候，"巨婴"也并不生硬地拒绝，他们也会打太极。

"巨婴"并非在所有方面心智都不成熟，在有些地方反而成熟得很，只是真正需要扛活、扛责任的时候不愿意了。

他们有的情商很高，在面子上做得很好，但往往只是表面光，只干那些能被看见的一点活儿，其他需要付出的苦活、硬活，他就躲开了。

他也不是生硬地躲开，是通过拖的方式躲开，他自己因为缺少强烈的责任感，因此对于工作超期、超限，并不在意。

但是总有对工作责任尽职尽责的人,这些人会受不了的,他们看到工作时限的临近会比较着急,着急的时候就顾不上是不是自己职责内的工作了。

人家是不分分内分外,而这些"巨婴"是根本不在意分内的工作。

这个时候,就是尽职的人为了顾全大局"吃了亏"。

"巨婴"也正是利用了这些人的责任心。

6. 你得给我改

不得不承认,"巨婴"也不是完全闲着,多少也干点儿活。这可能是因为完全闲着也非常没意思。

但是这个活儿干了一点,"巨婴"就会觉得自己出了大力了,剩下的就跟自己无关了,更没有考虑要对工作的质量负责。

好像只要有了大概的东西就已经尽力了。

所以他会说"你得给我改",已经写完初稿了,就不要再找他了,不管他写得怎么样,都不要再找他了,剩下的是别人的事了。

只干半拉活的人,没有善始善终的概念,没有对结果负有责任的基本概念。这显然不是成年人该有的心理状态。

"巨婴"的现象并不少见,而且这个现象还具有传染性。

如果一处的"巨婴"现象不解决,其他人也会跟着学起来,让"巨婴"现象蔓延开来。就会降低集体心智的成熟水平,让成熟的、理性的决策变得寸步难行,让老老实实干活的人吃亏,从而降低整个组织的工作效率。

但是,巨婴团体的社交维护、关键"工作"、情绪表达、情绪维护、规则维护哪一个环节不要付出精力?而且心还比较累,真正能够躺得舒服的,只是"巨婴"中的极少数,更多的也只是图个"安稳"吧。

要是知道"巨婴"也不是那么好当的,还不如好好工作得了。

人工智能与法律职业

虽然不是所有的创造性劳动人工智能都能干,但大部分案头工作没有那么多的创造性,有些工作具有机械的重复性,AI做起来会又快又好。

ChatGPT 又掀起了一轮人工智能热潮。

不少行业都可能受到冲击。普林斯顿费尔腾团队的"职业 AI 暴露指数"(AIOE),对比了 2021 年和 2023 年 AIOE 最高的指数,其中法律相关职业都赫然在列。(参见《20 种可能很快被 AI 改变的职业》,《三联生活周刊》2023 年第 14 期)

2021 年 AIOE 最高的职业中,各级法官排在第六位,司法助理排在第十位,仲裁员、调解员和协调员排在第二十位。2023 年,受到大型语言模型的影响,其实主要就是 ChatGPT 的影响,排名又发生了变化,法律方面又增加了新的职业种类,其中法学教师(高等教育)排在第五位,刑事司法和执法学教师(高等教育)排在第九位,仲裁员、调解员和协调员排在第十六位,各级法官排在第十七位,2021 年榜单上的司法助理这次没有上榜。

这里说的 AI 暴露指数指的主要是受到 AI 的冲击和影响比较大,未必是被完全取代。目前来看,完全由 AI 取代法官还是不能想象的。

需要注意的是检察官、律师和警察这些法律职业均未上榜。

怎么理解这些上述情况?我认为主要是案头因素。

无论是此前的人工智能,还是现在大型语言模型,尤其是 ChatGPT,主要影响的是案头工作。尤其是 ChatGPT 在资料分析能力上具有相当大的优势。

因此,那些案头工作比较重,尤其是需要查阅、分析各种资料的活儿,很多 AI 就能干了。

虽然不是所有创造性的劳动都能干,但大部分案头工作其实没有那么多的创造性,有些工作具有机械的重复性,有些工作只是流程繁琐,并无创意。

这样的工作,AI 比人做得又快又好,比如查法条、查案例,AI 肯定是有优势的。即使是稍微复杂一些的法律概念,如果有比较体系化的资料,AI 在归纳整理上也有优势。

比如一个理论有多少种学说,都是谁说的,出处是哪里,适用哪种法律情形等,这些往往都是固定化的、模式化的,这样一来就比较适合机器学习。

检察官、律师和警察之所以没有上榜,我认为就是因为他们在案头工作之余还有不少需要行动的工作,比如调查取证、沟通联系、口头即兴表达，这些都是人工智能很难替代的。

也可以理解为需要动手和动嘴的工作，人工智能都难以替代。

动手比较好理解，那就是需要肢体，需要环境判断和行动力，尤其是还需要和人打交道，那就不仅仅是说话的问题，还有情绪判断，眼神交流等复杂的社会性行为。这样的功能，目前的人工智能还无法实现，因此也就很难取代。

至于动嘴，似乎只要给人工智能配上语音输出系统也不是完全不行，但操作起来还是很难。因为口语表达需要非常快速的反应，不能说说停停，否则就会非常不流畅，让交流产生巨大的障碍。

人类在与机器交流的时候本来就有心理障碍，再加上语言不流畅，就更容易被否定同等的交流资格。

想象一下，如果机器公诉人出庭，它说话只要有一点磕磕巴巴，各方诉讼参与人就会无法忍受：凭什么让一个机器代表国家进行公诉？尤其是机器人根本就不能顺畅交流的情况下。

而且，法庭上发言是都要承担法律责任的，因此是非常严肃的，不允许犯一点低级错误，一旦犯错就可能被对方抓住把柄，就会被动。因此，公诉人在法庭上都会非常谨慎。

但是，人工智能在复杂交流中不仅可能产生滞延，还可能发生一些错误，这些错误在一般情况下是可以不断调整和校正的，但是在法庭上是不允许的。即使错了也是你说的，因此这些错误就会变得无法挽回。这也是人工智能难以胜任的。

而且，法庭的语言环境要比一般的聊天环境复杂，看起来每个人都是在按照规则说话，但经常会有一些突发情况，可能有人抢话，有些人没有按照规则操作，有些人还会有肢体语言和情绪，从而产生多边的、随机的、多形态的信息表达，这就极大增加了人工智能的分析负担，从而进一步提升了出错率和滞延率。

从法律职业的整体来看，它的抗取代性强一些。但某些职业遭受冲击和影响的可能性还是很大的，就从2021年和2023年的排行榜来看，前二十名中始终有三四种法律职业，这个比例是相当大的。

这一方面与案头工作有关，另一方面也与法律职业的规范化水平有关。

因为法律职业首先就是执行法律，而法律都是明文公布的，非常容易查询，即使案例也一定有数据库可查，这个资料库太过明确。而且法学理论也相对清晰，虽然在个别情况下仍有一定的争议，但是大多数情况下还是容易得出可预测的结论的。尤其是那些轻微的简单案件，结论是比较明显的，而这一类案件占到了法律工作很大的比例。

这些因素就导致法律职业在很多领域容易进行算法提炼。

当然，对于复杂案件，尤其是那些影响深远的重大案件，其中的考量就不是可以提前归纳的逻辑了，而是可能有着非常复杂的社会性因素，这就需要司法智慧了，而这些智慧目前来看也很难被人工智能取代。

目前来看，最容易被取代的行业可能就是法律咨询。尤其是什么情况下可以怎么办这类简单问题。

很多法律人作答时也不是很认真，有些可能就是罗列一下法条，这样看来人工智能也是完全可以这样回答的，而且态度上肯定要更认真一些。

人工智能的优势就在于认真，它不会不耐烦，也不会觉得回答简单问题浪费时间，它会不厌其烦地进行解答，而且在解答和反馈的过程中，它还在不断的升级提高。

这些解答，尤其是免费性的解答，压力往往不是特别大，不像在法庭上那么紧张，也没有人过多的挑剔，即使反应慢一点也不要紧，因为如果人工解答会更慢。

这样一来，人工智能在法律解答领域就比较容易大显身手，它可以检索海量的数据库为你搜索答案，还可以根据海量的法学理论提炼出具体的逻辑进行判断，这些法律逻辑库还可以通过千百万次法律问答而不断丰富。

由于对于问题的反馈比较让人满意，系统就会暗暗记下来，下次有类似的问题的时候就可以再拿来用。

法律方面的问题的最大好处就是，虽然看起来千差万别，却是比较容易归类的，因为法律条文已经预设了这样的分类。

法律本身就是规范性极强的文字，语义尽量清晰，逻辑尽量严谨，分类足够明确，而且内容也相对有限。所有的问题都是在指向具体法律规范的适用，因此也是相对容易归类和归纳的，这样一来只要问题足够多，就可以积累足够多的标准答案。

其他问题只要足够相近，也很容易发现相似的答案。

虽然没有任何两起案件是完全相同的，但类似案件的类似处理也是一个基本的法律规则。

目前，法律人工智能还不能成为一个法律智者，不能对任何一个案件都作出完美的解答，但它可以胜任一个比较优秀的解答者这个角色，让多数人满意就足够了。目前的法律解答数据库中，检答网算是一个，它的问题是有不少问题是重复的，但由于解答者不是统一的，因此系统并不知道这种重复性，这就可能造成资源浪费。

这些海量的数据库想通过人力进行整合提炼，也几乎难以胜任，每个人都要重复找、重复问，无法统一进行系统化的整理和输出。

在这个意义上，检答网就可以进行人工智能化的改造，将常见问题进行分类整理，遇到相似的问题就可以快速提供答案，这将会极大提高回答效率。

每个问题之间难免有细微的差别，但这些差别往往是有限的，这些细微的差别统统都可以存储下来，从而不断提升对问题判断的精确性和回答的精确性。

只要问题和回答足够多,人工智能的反应就会不断趋近于完美。

最重要的是可以让人腾出精力去专门解答那些人工智能也没有遇过的问题,来思考那些更加需要创造性的问题。从而将简单的、重复性的问题留给人工智能,人可以从这些重复性的劳动中解脱出来,专心投入创造性的劳动。这样一来,人工智能就能够助力提高司法效率。

对于司法工作来说,解答还只是一种辅助性的工作。但是对于律师行业来说,法律咨询非常重要,这是获取案源的重要途径。如果都用机器来进行法律解答,律师就失去了跟客户交流的机会。但是如果完全排斥的人工智能的解答,那律师的人工解答就会因为效率不够高而无法吸引足够的客户,最终还是要产生客户的流失。

也就是在大型语言模型面前,法律在线咨询会是第一个被颠覆的法律职业,这是一个趋势。如果法律职业内部不能够创造法律人工智能,大型语言模型也会从外部将法律在线咨询给颠覆了。因此,简单的依托咨询而获取案源的传统路径可能需要调整。与其被动等待人工智能来改变,不如主动拥抱这种改变。

大型语言模型在法律行业的普遍应用甚至有可能颠覆以合伙制为主要模式的律所经营模式。大型语言模型需要大量的资金投入,它的算法资产是一种非人格化的资产,更加适合公司制运营。

以律师一对一的法律服务作为副业,以大型语言模型的法律人工智能作为主业的法律服务公司就有可能出现。不是在律所围着大律师转,而是可能所有人都围绕大模型转,可能不再是冲着几个金牌律师去的,而是冲着品牌模型去的。

以往律所拼命争抢头部客户,抢大案子,也就是掐尖式的职业竞争模式可能发生变化。

由于法律人工智能的优化,小案子、小咨询也会变得有利可图,因为这些案源和咨询源是金字塔基,数量极大,只不过以往律师人工费比较贵,律师会觉得这些案件无利可图,不愿意干。不是无利可图,只是服务效率不够高,不管咨询什么、服务什么,客服都是这么几个律师,那当然是服务大客户、大案子才比较划算。有了法律人工智能,这个逻辑就有可能被颠覆。

因为人工智能不怕累,只要算力足够,完全可以同时为上百万名客户提供咨询,而且客户越多、问题越多,人工智能算法就会越完善,数据库就会越来越大。即使那些客户不给钱,但是算法得到训练了,也就相当于赚到了钱。

从这个意义上说,以人工智能为基础的法律服务成本将降得足够低,甚至一般咨询将实现免费,这也意味着法律服务公司的规模将变得足够大,成长为互联网巨头一样的公司,这是以往法律服务行业所难以想象的。

这就是人工智能将颠覆法律服务行业的原因。

至于这个颠覆是法律服务行业内部自己洗牌,还是被互联网巨头从外部洗牌,那就取决于法律服务行业的反应速度了。

但是我感觉留给法律服务行业的窗口期已经不长了。

第五章　熏陶

发展焦虑

计划和指标并不是越细越好,恰如其分才是最好的。精神方面的创新创造需要灵活度,更适合通过柔性的激励方式引导。

指标,常常来自发展焦虑。

大概三十年以前,我就特别喜欢给自己定指标。而且指标下的项目特别多,规定得特别细,计划也特别详细,可以说巨细靡遗,时间精确到分钟。

那时候,我还没接触电脑,更没有打印机,我就手绘表格,给自己制定任务表。

然后,每天按照任务表给自己划勾,从而评判今天完成的业绩,每个月、每个学期汇总这些业绩,对自己进行严格的奖惩。

为什么要制定这些计划和指标?就是害怕把时间浪费了,希望更加有效地利用时间,希望能够尽快将学习成绩提高上去,然后考上好中学、好大学。

想法是好的,只是落实起来经常打折扣。

虽然没有完成一些任务,但总是能够找到似乎合理的理由,从而为业绩考核创造例外。而且，由于任务过于细碎，过于机械，没有通融余地，导致即使象征性地完成了任务，也未必能够达到最佳的效果。也就是绩效看起来好，但效果未必真的好。

后来，我慢慢地掌握了自己发展的规律，那就是计划和指标并不是越细越好，恰如其分才是最好的。要量力而行，在时间分配上要给自己喘口气的时间，管得过死，就像斯巴达式的强迫自己完成任务也未必能够实现知识累积的有效提升。

事实上，斯巴达的方式并不适合智力活动。精神方面的创新创造需要适当的灵活度。创造性无法通过强制手段逼出来，更有可能通过柔性的激励方式引导。

而且，过于繁琐的计划和指标本身的执行成本就比较高，因为它们过于复杂。

后来我逐渐认识到，给自己定的规矩不用过于细，应该尽量简单，简单到不用写下来，能够记在心里就行。

我甚至认为，写下来的计划和任务表是给别人看的，记在心里的才是给自己看的。我的努力过程并不需要向外人展示出来，只要自己知道就行了，重要的是结果。

任何真正有价值的结果，都特别需要两个因素，一个是精力集中，另一个是持之以恒。也就是不能既要又要还要也要。

这是因为人的精力和资源都是有限的，目标过多或者说指标过多，就会导致精力不聚焦，最后可能导致什么也没实现。

持之以恒更加容易理解，因为重要的目标往往需要长时间的量变积累才有可能发生质变。

即使一段时间精力非常聚焦，目标也非常明确，但如果只是有了初步的成效就转换了目标，那么这个初步成效就很难转变实质成效，也就是量变不够是难以产生质变的。

目标越是重要，量变时间就越长，这是非常浅显的道理。但是很多人未必都能够真正意识到，或者意识到了也容易忘掉。因为多重目标的多样性太过于吸引人了，让人以为多重目标能使自己变得很全面、很厉害。

我们必须承认，绝大部分人都是普通人，能努力在某一个方面比较突出的人，就已经很不错了。这个很不错意味着在某一个领域你要超越很多人，这已经非常不容易了。

不能要求自己在各个领域都超越别人，这是不切实际的。

确定脱离实际的目标和指标最终会使你陷入多重目标陷阱，也就是目标很多，但最后没有几个能够完成，甚至可能连一个目标都无法完成。

多重目标陷阱反应的是发展焦虑。

当我们处于追赶者状态的时候，当然希望能够赶超对方，如果集中在一两个领域，这个赶超还是有可能做到的，但如果希望在所有领域短时间内全面超越，就会成为不可能完成的任务。

这种不可能完成的状态会给我们带来极大的失败感，似乎我们什么都做不好。事实并非如此，只是我们心不静，沉不下来，老是浮在面上，比如低头看两眼书就摆弄一下电脑，然后再看两眼书，再摆弄一下手机。

这种状态下，能学好就怪了。

所以我的建议是：

1. 消减指标和目标

将精力集中在非常有限的几个目标上，才能够实现资源集中。

2. 对于确定的目标要长期坚持

目标和指标一旦确定，就不要轻易改变。很多事情都不是一两年就能够出成效的，更多事情可能需要 5 到 10 年，甚至 20 到 50 年。

如果数十年坚持一些特定的目标，只要能够坚持得住，我可以肯定地说，这个成效一定相当可观。也就是人只要几十年如一日地做一件事，很难不成功。难就难在坚持住，不要被过程中的其他目标干扰和诱惑。

3. 在目标的执行上给自己适当的弹性

尽量不要过度地管理完成过程，需要给自己必要的弹性和冗余。在完成目标的过程中，要尊重和善待自己，相信自己能够坚持好完成好。

所谓用人不疑，用自己也不要怀疑。

4. 将任务转变为习惯

任务总是带有一种强迫性，即使是自己定下来的任务。这种强迫性会带来压迫感，尤其是过于机械的任务和计划。

任务和目标过大，也会让自己感到遥不可及，从而失去信心。

我的建议是，将这些目标分解为日常的工作节奏，比如每周干几次，然后每周按照这个习惯走。走来走去，任务就在不知不觉中完成了，就不会显得那么累。

而且，这种有节奏感的任务常年坚持下来之后就会变成一种习惯，只要到这个点就会干这个事，就会形成生物节律，也就是我们说的习惯。

当习惯成自然的时候，目标的完成就会变得自然而然了。

每个人、每个组织都会有发展焦虑，但在发展的过程中，必须尽力克服这种非理性的焦虑，而是努力了解自己，了解自己的习性、习惯和心理，更加人性化地进行自我管理，才能收到实效。

发展并不复杂，刻意复杂化并不利于发展。

大道至简，就是发展之道。

多目标陷阱

确定的目标越多,就越有可能让目标之间的内在逻辑相互影响,这些内在逻辑的冲突,一开始是很难设想的,只有干起来才知道。

目标定得太多,很可能一个都完不成。

多重目标本身妨害了目标的实现。这是精力集中的问题,也是"既要又要还要"的悖论。理想丰满,现实骨感,说的也是这个问题。

我们都天然地渴望获得多重的成就,在各个领域都有所斩获,对于一个组织来说,就是希望获得多维度的成功。

但是残酷的现实在于,我们的精力和资源都是相对有限的,目标太多就会分散精力,就跟分散兵力一样,最后就无法形成合力,变成一盘散沙。

好钢要用在刀刃上,有限的资源要用在最重要的目标上,这对于一个人和一个组织都是非常重要的。

但是我们总是会碰到取舍难题。

明知道自己精力有限，还是想把很多事都做成，因为我们天然地觉得这些都非常有意义。客观上来说，这些事情可能也真的很有意义，可惜就是做不过来。但大部分人还是习惯贪多求全，愿意做加法的人多，愿意做减法的人少。

总是觉得，这些目标放弃哪一个都很可惜，都想克服一下困难把它完成，让自己感觉更加完满。

但人们往往忽视了，完成这些目标所可能消耗的精力和资源，没有把自己的承受能力充分考虑进去，没有思考量入为出的问题。

本来集中精力可以做成一两件事情的，但是分散用力、平均用力之后，任何一件事情都无法做彻底了，也就是无法做到极致。

同时，这些多重目标之间还可能存在方向上的冲突，比如要想实现有些目标，另外一些目标就可能无法实现，它们之间存在方向冲突、价值冲突。

确定的目标越多，就越可能让目标之间的内在逻辑相互影响。这些内在逻辑的冲突，一开始是很难设想的，只有干起来才知道。

因此，杂糅、混乱、多元、模糊的目标体系，有可能成为制约发展的陷阱，让我们陷入一种不可能完成的任务怪圈。

比如，效率的极致要求可能影响质量，平衡的极致要求可能产生削足适履的效应，频繁的更换主要目标会导致前期付出的巨大浪费，无限加码要么导致糊弄事儿要么导致精力透支，目标模糊就相当于没有目标。

如何摆脱多目标陷阱？

要敢于承认自己是有限的，自己的能力、精力和资源都是有限的，要承认自己的局限性，也就是理智地、诚实地面对自己。

这并非妄自菲薄，而是清醒地认识到自己到底能干点什么，自己擅长干点什么，自己想要的终极目标是什么。然后就聚焦到这些有限的目标，克制其他目标对自己的诱惑。

我反对多目标陷阱，也不是说只能设定一个目标，而是说要设定自己能够承受的少量的目标，到底多少合适、哪些适合，也全在于自身的承受力。

目标的设定一定不要超越自身的承受能力，必须为一些极端情况留下一些富裕。

也就是不要在精力和资源承受范围上把自己逼得太死，应该为一些偶然需要解决的特殊任务留下资源和空间，确保自己对核心目标的完成不因意外情况而中断。

那么，把目标确定的这样少，是不是十分可惜？看着那么多诱人的目标与自己擦肩而过是不是十分可惜？

其实并没有什么可惜的。因为这些目标不是都由你一个人完成的，还有这么多人呢，他们都有自己的职责和任务。

一个人不能包打天下，这个社会是有分工的。

而且,每个人都有自身的比较优势,有些人干一些工作可能就比你效率高,那就可以把这些工作留给他们做,你自己做好自己擅长做的事情就可以了。

就比如侦查,显然侦查人员就比你专业,那就应该让专业的人干专业的事,因此自行补充侦查绝对是例外,对这个事情就不应该投入太多的精力,应该将精力投入我们更加擅长的,甚至不可替代的工作当中。

如果为了追求自行侦查的指标而忽视了本应该投入更多精力的审查和公诉,就会得不偿失。

虽然理论上一个人可以做很多事,但有些是必须要做而且一定要做好的,有些事可以借助别人的力量来做,这样才能实现效率最大化,才有可能确保主要目标的实现。

设置过多的目标就容易忽视掉主要目标,忽视掉主要目标就是忽视掉自己本应扮演的角色定位,在社会分工中迷失方向。

目标也是一个丛林,只有心无旁骛才能走得出来,才能走得更远。

专注力

想要专注,必须做减法,要对很多目标和欲望断舍离,对这一点要下狠心。

如果我们专注地看一本书,就会看得比较快,印象也比较深。如果我们专注地做一件事,效率就会比较高,效果也会比较好。

道理都懂,但就是很难专注下来。让人分心的事情确实太多了。

专注力在孩子的教育上也格外重要,只有专注地学才有可能学进去,才能学得扎实。再加上前一阶段的知识又是下一阶段学习的基础,因此专注力其实是学习的良性循环。

相反,如果专注力不高,干什么事情都三心二意,就会事倍功半,孩子累家长也累,这一阶段学得不扎实,下一阶段学起来就更加费劲。然后就会越来越费劲,以至于自己都没有信心了。

因此,专注力会产生成效累积效应,它会让一个人在效率和效果上超越其他竞争对手。这个优势不断累加,就会产生复利效应，最终会加速超过对手。

有些人认为专注力属于情商，有些人认为专注力是智商的一部分。但如何获得专注力，才是讨论的重点。

1. 选择

专注首先是一种选择，选择则体现了价值观。也就是你到底想要什么，有多想要，自己有没有想清楚。如果自己都没有想清楚，还是糊里糊涂的，就没有专注可言。

因为你根本都不知道向哪个方向专注。

你首先要有一个方向，而且这个方向要非常明确，不会轻易动摇。这是专注力的前提。

你要的东西很多，你的欲望很强，你对各个目标都放不下，你觉得每件事情都有价值，放弃哪一件都很可惜。如果是这样，还是谈不上专注。

因此，要专注必须做减法，要对很多欲望和目标断舍离，对这一点要下狠心。在别人左顾右盼、走马观花的时候，你要能坐得住冷板凳，要能耐得住寂寞。要把自己的目标限定在比较窄的范围内，让自己能够集中有限的精力。

这种选择必然要牺牲一些可能性，也许兼顾一下别的事就可以做得很好，可能东方不亮西方亮。

这个选择的范围要看你的基本盘有多大，你的精力有多少，还要看你的资源有多少。

如果你是一个组织,那么你的选择范围可能就不是一两项,而是若干个项目,但是如果想要集中精力办大事,那将这个项目做一个最小化的控制,对于项目的完成绝对是有好处的。

因此,专注力是从选择开始的。

2. 想象

选择是从想象开始的。

也就是说选择了目标,就必须详细地了解目标,了解其成长性、了解其最终的价值、了解其消耗的资源,同时要了解自己是否适合。

这些所谓的了解只是一种推演和假设,这些都需要想象力。我们必须想象选择各种目标带来的可能性。只有想象得足够真切详细,才能够说服自己,最终下定决心。

想象得越是真切,就越是能够帮助我们作出预判;对那些预期目标想象得越是生动,就越是能够说服自己选择这些目标。

想象力就是一种战略推演,是用来辅助决策的。战略推演能力越是强,我们的选择就越是可靠,我们专注的方向也就越加靠谱。

3. 坚毅

即使有了真切的想象，也有了明确的目标，也还是需要长期的坚持才有可能产生比较大的变化。

很多事情都不是一蹴而就的，往往需要经历漫长的成长期。这个成长的过程中，主要就是量变，可能看不到明显的变化。

比如有些人跑了一年的步，但是体重没啥明显变化，就着急了。我就说不用着急，只要你感觉身体状态变好了就够了，你知道长期跑步是有好处的就对了。

因此，专注力想要坚持住，还需要坚毅的品质，也就是要耐力。

长跑就需要耐力，这个耐力可以通过长期训练获得。比如跑马拉松的时候，我们也会有体能接近极限、想放弃的时候，能依靠的除了日常训练的底子，就是意志力。

放弃是轻松的，但那样就对不起自己，就对不起之前的付出，就违背了自己有始有终的原则。不断咬紧牙关跑下去，就体现为一种坚毅力。

通过长跑锻炼出的坚毅力可以平移到工作当中，只是二者又不完全一样。

工作中的坚毅力可能更加复杂，它需要我们在成效明显时的宽容与执着，克服各种苦难的勇气和耐心。而且，工作中的成长周期可能更长，这可不是一段跑程，而是一段漫长的人生旅程，有些甚至需要毕生的时间。

一辈子就干一件事，肯定能干出个样来，问题是有没有耐心一直坚持下去，会不会烦，能不能顶住压力和质疑，包括自我的怀疑。

确定了目标，就一直走下去。所谓知易行难，但正因为难，才显得格外可贵。

专注力是今天最稀缺的资源。

问问自己，能踏下心来只做一件事吗？

刚上班

有的人就是觉得你就有义务教我，但我就没有义务干那么多的活。这是一种巨婴心态，只是从自我需求的角度考虑问题。

最近写了一些司法职业的发展变化和司法工作者心态的文章，读者也希望我谈一谈新入职的一些注意事项和问题。

我大约是二十年前参加工作的，那个时候什么都不懂，没有人告诉我这些注意事项，没有移动互联网和自媒体，也没有便捷的渠道获知这类信息。

上班，给我第一个印象就是，单位就是我的家了，这就是我安身立命的地方了，不是待几年就走的校园，而是有可能工作一辈子的地方，我是把工作看得很重的。

因此，我对单位有很强的归属感，这种归属感并非因为工作环境有多么的温馨，而是因为我感到自己也没有那么多的选择，必须发自内心地投入这个环境当中，尽快适应这个环境。

即使我并没有真想在郊区扎根一辈子，但是在能够看到的未来，还没有走出去的可能，就在刚上班的那会儿，我就强迫自己扎下去。

　　因为单位比较早地让我去上班,也安排了一些工作,可能现在来看那些工作并没有那么的重要,但我都把将之视为无比重要,以至于都放弃了参加毕业典礼。

　　这件小事也反映了我的一种心态吧,我相信周边的人也能够看得出来。

　　老员工是特别愿意观察刚上班的人的,因为他们觉得很有意思,有时候提示、有时候鼓励、有时候鞭策、有时候只是挖苦和调侃,对他们来说我们可能就是生活中的一点料。其实我们身上也有他们身上的影子,这也可能激起他们的回忆,但更多的还是好奇心。

　　大部分新入职的同事都是外地来的,虽然有了几届大学生,总体来说还是少数,更多的是本地人,我们这些新鲜血液对他们来说就是"移民"。

　　这种"移民"不仅有外地人的陌生感,也有年轻人新鲜理念与他们既有的理念格格不入;既有社交圈子的分别,也有司法理念的分别。所以,我们的磨合怎么可能完全顺滑愉快呢。

　　有时候,如果完全按照我们的意见办,就可能意味着他们一直以来坚持的方法和理念都错了,这放在谁那都可能不愿意承认吧。

　　即使从方法上看,我们坚持的可能是更加先进和严谨、理性的,但我们确实缺少生活的历练,因此也必然是书生气的。

即使我们的理念对，但我们的方法未必是最优的，他们经由生活阅历打磨的实践智慧，虽然未必正确，但的确有很多非常值得借鉴的地方。

所以，我想说的是，刚上班的第一件事就是尊重前辈。即使这些前辈在学历上，在知识储备上不如我们，甚至在工作习惯上也可能值得商榷，但整体而言，他们身上还是有非常值得我们学习的地方的。

如果一揽子地排斥前辈，那么这个单位真实的历史，司法实践中的经验，从何处学习呢？

书本上教会我们的只是框架，真正落到地上的还是靠这些师父们。

师父们愿不愿意教你，全看他们的个人意愿。他们没有任何法定义务一定要把你教会或者教好，是否倾囊相授是良心活。

如果是你，看到一个对你完全不尊重的后生，你愿意交给他们真东西吗？

怎么能够让前辈感受到尊重？

除了基本的职场礼貌之外，最重要的还是多干活。也就是不要计较这些是不是书记员的活，是不是助理应该干的活，是不是员额应该干的活。

只要是师父让你干的活，就不打折扣地尽快干好，不懂可以问，但问题最好攒到一定时候一起问。而且问问题的时候最好还要经过自己的充分思考，不要问一些常识性的低级问题，应该是那些书本上没有的，法条里查不到的真问题。

很多师父就觉得这些基础的重复性的劳动就应该徒弟干。但如果刚上班的年轻人不懂事，不愿意干，那师父就只好自己干，这种时候如果徒弟还要问问题，师父就很烦。

你又不帮我干，你又想知道怎么干，你到底想干什么啊？

之所以会问出一些常识性、低级性的问题，主要就是因为自己没有主动思考，没有多少亲身实践，过于依赖别人。还想学点东西，还不想干活。那人家凭什么教你呢？

有的人就是觉得你就有义务教我，但我就没有义务干那么多的活。

这是一种巨婴心态，只是从自我需求的角度考虑问题。从补偿心理的角度考虑，如果徒弟这么勤勤恳恳工作，只要有点人味儿的师父都要考虑徒弟的前途了，肯定要提早为你谋划，并主动把你教会。他会觉得这样才能对得起你的付出。

但是如果你根据权力清单来个公事公办，甚至指责对方是挂名办案，那么从对等的角度来看，这些师父也会觉得没有把你教明白的义务，而且因为缺少大量的司法实践，你也就很难学到真正、扎实的司法本领。

这是因为司法经验是一种实践性的知识，必须通过实践本身才能够掌握其中的技巧。就像开车一样，看是看不会的。

只有上手干，只有多办案，而且全流程地办案，尽量把基础工作都做了，才会知道司法的真实面貌是什么，以后的成长才会扎实。

也必须承认的是，即使你干了很多，也未必马上能够进步，这必然有一个时间过程，而且由于司法责任制产生的成长周期问题，现在这个学徒的时间可能要延长。

但我觉得从更加长远的角度来看，从普遍性的意义来看，只要多干活、多办案子，全情投入地从事司法工作，对一个人的成长一定是利好的。

不仅是干得多，而且是发自内心的愿意干，勉勉强强也是干，心悦诚服也是干，但给人的印象分也必然不同。

如果其他人都抢着干，人家为什么一定要教你？

也可以这样理解，一开始给我们的任务重一点，是对我们的信任，而不是剥削。

司法是非常严肃的工作，工作的分量越重，责任就越重，这么重要的工作为什么要给你，而不是给他人？那必然是基于信任，基于对能力和既往工作状态的肯定。

人家一定是觉得教你，你就能够完成，不会掉链子。这也是一种考验。这些考验成功所带来的信任，是相对稳定的，这种信任和重托必然也代表了更多的发展进步的可能。

因为给你工作的人，也不仅仅是能够给你工作，还能够在一定程度上影响你的发展进步。即使工作不是他们安排的，他们也会从侧面了解你完成有关工作的状态。这些初次关注也就形成了工作单位对你的印象。

这些印象也就构成了下一步发展的基本盘，同时也会形成以后工作的基本习惯。

非要说一个建议的话，那就是一上班就要把底儿打好。

一分辛苦一分收获的基本规则永远不会变。

第一份工作

现实是,对于很多人来说,第一份工作并没有那么多的选择性。使用有限的选择权选择了一份工作之后,应该如何对待它?

毕业生总是纠结于第一份工作如何选择。

有户口的工作,待遇一般不是特别高,发展也比较慢,专业也不一定十分对口,而且工作地点很有可能在远郊。优点是安稳有保障。

那些待遇比较好,发展更有前途,专业也比较对口的工作,往往没有户口。这样的工作一般还就集中在城里,可以享受城市生活。最重要的缺点是不稳定。

现在的就业形势,有时候可能是两者缺点的结合,也就是那些没有户口也不稳定的工作,而且待遇也降低了。那些稳定的、有户口的工作待遇倒是没有变化,只是挤破头也进不去。

相比于此,我们当年的就业环境就算很好了。那个时候的趋势是,要找检法这样对口的工作只能往郊区走、基层走,至少还有户口,待遇肯定不是很高,一个月两千多块钱,但毕竟有食堂，个人消费就比较低，找个女朋友偶尔进城吃顿饭还是可以承受的。那个时候从房山到城里的顺风车只要五块钱。

当然，律师助理的收入也不是很高，但如果转为执业律师，收入就可以翻番。我得考虑，一是户口问题，二是工作节奏太快，连复习司法考试和看书充电的时间也没有了。感觉没有喘息的时间。

而我对个人能够掌控的时间十分在意，我还是想有时间自己看点书的。一方面是为了深造，另一方面也能够充实自己。

我无法忍受个人的时间都被工作填满。

这一点司法机关确实有优势，虽然也会加班，但仍然是有节制，未必对学习多么鼓励，身边的人也没有多少爱看书的，但至少不排斥反感。

司法机关一个重要的缺点就是发展的节奏太慢，这个发展并不是收入待遇的提升，因为这个比较没有意义。

我说的是在行业内的发展，一个好的律师助理可能在十年之内成长为合伙人这样的级别，而同样毕业于法律院校的同学可能还没有干到基层院部门的副职，现在来看可能很多人上班十年了还无法入额。也就是连独立办案的资格都没有，相当于干了十年的律师助理还不能转为律师，在律师行业，哪一个律师助理能够忍受呢？

现实是，对于很多人来说，第一份工作并没有那么多的选择性。

很有可能是在有限的几个 offer 里边随便选了一个，还有的就只有这一个 offer。

人生有很多选择吗？其实并没有。

但当我们使用有限的选择权选择了一份工作之后，应该如何对待它呢？或者说选择第一份工作的时候，是为跳槽做准备，还是准备长期干下去？

其中有很大的不同，我们以为别人看不出来，其实人家一眼就可以看得出来。

对待第一份工作的态度，对我们整个职业走向都会产生重大的影响。

如果只是作为跳板，这会极大地阻碍你的全情投入，你职业的态度不够真诚，也就自然很难真正融入这个集体，学到那些最本质的东西。

你可能很聪明，可以学到一些知识，也建立了一些人脉，但我想说，那些最核心、最实质的东西你可能无法感受到。

因为你与那些以此为终身事业的人会有很大的不同。我并不反对改变职业赛道，我只是不主张只把眼前的工作当作跳板。既然选择就应该投入，干每一项工作都应当像永远都干下去一样，这样才能获得最大的收获，也才能得到长期主义者的信赖和鼓励。

为什么要在意长期主义？

因为只有量变才能累积成质变。

如果只是不停地改变量变的方式，只有一种可能，那就是永远也无法发生质变，无法获得实质性的成就，会陷入浅尝辄止的陷阱当中。

即使这份工作并不是我们自愿选择的，但只要是从事它，就意味着它选择了它的存在方式，你已经与它发生了实质联系，看起来这是一份工作，其实它就是你的生命本身。

你在通过工作不断地塑造自己，一个人走向社会的人很大程度上都是被工作定义的。

一个人的品行很大程度上就体现在他对待工作的态度，因为那就是他们对待自己生命的态度，对待其他人的态度。

工作没有好坏、高低贵贱之分，我们没有任何理由歧视它或者变着法地利用它，我们应该心存感激。

从理论上讲任何的工作你都是可以拒绝的，你没有拒绝而接受了这份工作，就相当于你接受了这份安排，接纳了此时的自我。

我们到底能走多远，就是从如何开启第一份工作开始的，它是定义自我的开始。

每天都在干什么？

为什么我们会缺少回忆，或者想不起来做了什么？因为我们缺少真正的生命印迹，没有投入热情，没有足够的收获。

如果让人回想每天都干了些什么，很多人是说不清的。

因为人往往是被事情推着走的，很少有人能够特别主动地把握时间。

说身不由己可能也不准确，说身不知己可能更准确一些。往往是不知不觉一天就过去了，关键是过去了之后也记不得都做了什么。

这还不是最关键的，最关键的是当你认真想起来这件事的时候，可能已经来不及了。

比如已经过了职业生涯的黄金期，然后突然问自己：我每天都在干什么啊？

让你讲又讲不出来，或者每天干的事情都是千篇一律，自己都觉得是在机械重复。重复到最后变成一种肌肉记忆，大脑并没有跟着转。

这样的日子也是照样过，一晃一年就过去了，然后年复一年就会悔之晚矣。

我大概是在小学六年级的时候对时间有了比较强烈的感觉。

那个时候，我语文不好，为了能以后考上高中、大学，不用过早出去打工，能走出县城而努力读书。读书非常耗费时间，尤其是在阅读量很少的情况下。我最讨厌的是很多字不认识要查字典，这就让阅读体验很差。

为了提高语文水平，我就必须多读书，读各种书，读一些看起来比较枯燥的书。我一开始是将各种书穿插着读，每天限定读几页，然后机械地去完成。我甚至还制定了一个时间表，精确到每分钟要干什么，把自己当作一台机器。

这实际上是按照数学思维来管理自己。

但我时常会遇到一些问题，很多时候都无法完成这个时间安排。我机械地管理自己的时间，也是机械地对待自己。为了能足够机械地磨炼自己的精神毅力，我还会每天坚持跑步，以磨炼意志。

这样，似乎我把握住了时间，因为我控制了时间，我用时间产出了自己确实需要的一些成果，比如提高语文学习成绩。但我并不能充分体会到阅读的乐趣。

为了强迫自己看有字的书，我把心爱的漫画书锁了起来，我对自己足够狠。

但是如果你问我每天都干了什么，我只能告诉你时间表上的内容。我每天都几乎干一样的事情，都是自己提前规划好了的事情，我是被时间表推着往前走的人。

我没有随性过，我不敢任性而为，我更加不敢躺平，我甚至都不敢躺下。了解我的人都知道我没有睡午觉的习惯。这个习惯是从初一开始养成的，因为我必须弥补小学阅读量太少的不足。因此，我只能牺牲午睡的时间去看书，看那些自己并不是特别感兴趣，却认为应该看的书，比如《三国演义》。

实际上，我一直没有将《三国演义》看完，我只看了一半就看不下去了。因为那里有特别多的生字要查。《三国演义》中我唯一喜欢的就是开头的《临江仙》，我喜欢那种看破历史的感觉。我认为它足以与苏轼的很多作品媲美。

我强迫自己阅读，但并不能完全体会到阅读的乐趣。我清晰地知道我每天都在干什么，却没有多少回忆。没有那么多波澜和不确定性带来的惊喜。

直到上大学之后，我才慢慢体会到阅读的乐趣。

我可以完全看自己喜欢的书，我会每周去海淀图书城淘便宜的书。与中学时代特别以成绩为导向的学习不同，我并不是很在意考试的成绩，因为我并不需要考上什么。我现在特别需要的是自己真正学到点什么，而不是考试成绩好。

我甚至认为把过多的时间用在提高考试成绩上面，会让自己错过真正需要学的东西。因为我感觉走向社会还是需要一些真本事，需要真的懂一点东西，而不是分数。

因此，我完全没有时间表。

我给了自己一些比较大的规划，我的时间管理更加模糊。

我要多接触人，我要积累社会经验，我要看自己喜欢看的书，我并不在意这些书是否与专业相关。

其实我也挺关注专业领域的出版情况，但现实常常让我感到失望。

要么是出版节奏太慢，要么是出的书都过于生涩，让人看不懂，索然无味，看起来高深、费解，视野也不够开阔。好像什么也没说。那些真正好读，又让人有启发的书并不多。

我那个时候就在想，这还不如我来写呢？但那个时候，这完全是一种妄想，因为我连一篇论文都没有公开发表过。

但我还是挺爱写东西，我会在学校的内部刊物上发一些文章。

我会看一些稀奇古怪的书，所以写的内容也容易天马行空。

我没有地方放书，就把书放在床上紧贴着墙摆成一摞，形成一面书墙，这样床就只剩下三分之二的面积。

这张三分之二的床陪伴我度过了整个大学时光，我睡觉不敢翻身，因为书墙会因震动而倒塌，但是我心里还是挺美的。因为我想要看的书触手可及。

话又说回来，为什么我们会缺少回忆，或者想不起来做了什么？

因为我们缺少真正的生命印记，我们没有投入热情，没有足够的收获。

那些无忧无虑的阅读让我记忆深刻,我能够感受到自己。

写出一些东西的时刻让人记忆犹新,因为我创造了一些新的自己,我让自己变得有所不同。这些都是实实在在的收获,我会觉得日子没有白过。

完成一些自己投入的工作,自己想完成的活动、任务、项目,会觉得某一个领域的司法工作和检察工作因我而不同,这也会带来一定的成就感。

那些全身心投入的案件,将会成为我生命中的一部分,我倾注了自己的心血和同理心,我尽己所能地为别人的人生负责,这自然也会成为我的生命故事。

我觉得只要投入地生活,就不会觉得虚度。

就怕你不投入,充满无力感、勉强感和疲倦感,那样你确实会质疑自己都在干什么。

其实,你质疑的不是自己在干什么,而是在质疑为什么要过这样的生活,为什么生活让你缺少激情。

那大概是因为你失去了生活的目标,进而失去了生活的乐趣。

其实,生活始终还在,只要你选择好方向,不要过于紧张,全身心的投入,就会感到充实。

无用之用

我一直主张看"闲书",推荐看"闲书",我建议年轻的法律人看一些与法律完全无关的书。

周五晚上,陪孩子在三联书店听了一场"从鱼脑到人脑"的讲座,讲座中提到了一种观点:智人相比于尼安德特人以及其他人种有一种特别的优势。

不是制造工具的能力,不是体力,也不是脑容量,而是一种无用之用的能力。

比如,在洞穴里绘制大量壁画、制作大量吃不上用不上的工艺品,这一点与其他人种有着很大的不同。

也就是这种不实用的东西,最终成为智人的终极性优势,这个观点确实很有启发性。

那就是很多时候那些看起来不是很实用的东西反而才是影响我们最深的,但我们浑然不觉。

比如,小孩子打闹、玩游戏似乎没用,但对他们学习社会规则、建立人际关系很有用。成人之间吃饭、聊天看起来没用,但闲聊得来的信息往往是最重要的,我们在最放松的情况下进行的交往也最深入。看书也一样,法律工作者要看很多工具书、理论专著,还有论文。不看不行,不看的话可能办不了案子,或者会办错案子。

但说实在的,并没有那么多人发自内心地愿意看这些书。而且有些书也写得过于枯燥,千篇一律、八股结构、索然无味。

看了很多理论专著,也不一定能够解决机械执法的问题。

因此,我更习惯看一些专业之外的所谓"闲书"。"闲书"是一些严谨的同行的说法,凡是与办案不直接相关的书都叫"闲书"。

那什么不是"闲书"?

法条,包括法条汇编、释义、解读等;教材,包括各部门法的教科书,如刑法学教科书,各种细化领域的教科书,如证据法学教科书;理论专著,比如构成要件之类的;业务专论,比如诈骗犯罪实务问题研究,各种指南、指引,等等;案例汇编,刑事审判参考,各类指导案例和典型案例汇编。

这些不是"闲书",其他书基本都是"闲书"。

这个"闲书"理论也长期困扰着我,似乎只有看正经的业务书才是钻研业务,走正道。看"闲书"就是玩物丧志,或者躺平偷懒。这样一来,看"闲书"就会有一种负罪感。

但是因为"闲书"好看,忍不住想看,有好奇心想看,看了觉得有意思,也会存在一种罪恶的快感。

还有一些人似乎更高明，他们既不看业务书，也不看"闲书"，他们什么书也不看。目前，这种不看书的在司法界也是有一批人的。他们自称按照经验办案，因此他们不用看书，无须看书。

我属于看"闲书"的，即使在"闲书"无用论最为盛行的地方，我仍然坚持看"闲书"。

一方面，我单纯地觉得"闲书"有趣，我渴望新知；另一方面，我的思维停不下来，我的大脑需要运转，需要思考很多问题，我想思考法律之外的问题。

因为单纯的法律问题过于沉闷、古板且闭塞，时间长了会禁锢人的思想，让我们思维固化、视角单一。

所以，我一直主张看"闲书"，推荐看"闲书"，我建议年轻的法律人看一些与法律完全无关的书。

我们平时在工作中看得法律书已经够多了，一直以来我们学得就是这个，用的就是这个，不让你看你也还是会看一些。但是那些人文的、科学的，甚至是文学的，我们平时反倒不太敢看，我们会害怕这些东西占用了宝贵的学习时间，将专业荒废了。

我并不这么认为，我倒是觉得无用之用可能有大用。

功夫在诗外，法律的功夫在法律之外。

比如，我们了解理论、了解罪名、了解证据，但是我们还是办不好案子，因为我们不了解人性。

人性这个东西，法条里没讲、教科书里没讲、业务书里也没讲，案例自然也讲不了。

人性是个啥，我们如何了解？

这自然需要我们从生活中体会，也就是学习无字书。但是直接的经验仍然是非常有限的，我们还需要大量的间接经验。那些间接经验的来源就是书籍，更准确的是法律之外的"闲书"。

我们要了解常情常理常识，就必须看些"闲书"，我们了解了大千世界、普罗众生、人间百态，才能理解民间疾苦、生活不易，了解什么叫不得已，为什么要存一份了解之同情。

由此，我们才能渐渐理解为什么我们办的不是案子，而是别人的人生。

这些理念就来自这些无用之用的体会。我现在也主要写这些无用之用的体会。

我写的文章和书，不是那些系统的理论专著和业务专论，格式比较散漫，题材过于广泛。有人说是天马行空，有些人说是四不像。但是我现在越来越不追求形式，而是更加追求实质，并不追求我写的是论文还是散文，是理论还是业务，格式是否足够系统严谨。

我只追求一点，那就是真。

提出真的问题，讲出真的感受，努力取提真实的解决思路。

这些真实的东西，有些不是十分主流，有些似乎也没啥大用，有些也不知道算是理论还是业务，有些似乎是非常私人化的感受，还有一些甚至让某些人不舒服。

但是这都不重要，重要的是我知道这些无用之用可能让人多一份信念，多一丝感动，让我们对人性又增加了一些理解。

常识十分重要，但常识到底是什么？这要区分场合和语境，需要对社会生活的百科知识有极为全面、复杂的了解。

为什么说法律人需要看"闲书"？因为我们需要了解人性和常识。

那你说，人性和常识有用吗？

读书心得

我读书更加关注体验和兴趣,更加关注实质性的感受,这种感受在体内会有一个发酵过程。对这个过程我是不设时间表的。

我现在是好读书不求甚解。

并不是真的不求解,只是确实记不住具体的内容,唯一能记得住的就是读书的感觉。

是怅然若失,还是迷惑不解,又或者是不知所云,完全没有留下什么印象?

有的时候看得真是很开心,也有的时候是在那里干着急,还有的时候甚至就像打开了一个新世界。

相当多的书开始的时候不好读,只是咬着牙啃下去,一旦进入状态之后就会欲罢不能。

当然,也有一些书是很快把我抓住的,看到坐地铁都会过站的程度,甚至为一本书连续两次坐过站,为此经常被我爱人嘲笑。

小时候，我也没有觉得看书有多重要，更不知道看书会这么有意思。当初是为了学好语文而努力读书的，这在当时来说确实比较功利。

但书有自己的魅力，它会在达到一定程度的时候抓住你。

现在，大家更加习惯的是我在输出内容，之所以能如此，必然会有一个信息大量输入的过程。也就是如果不看大量的书，就没有办法经常写东西，因为不知道写什么。

那么，我写的东西和看的东西之间是不是一种直接的关系？也就是我写什么就看什么，或者说看什么就写什么？

其实，两者并没有那么强烈的对应关系，不仅内容上不对应，时间上也不完全对应。也就是我并不是像写论文那样，看了很多资料再去写。我往往是看这样一类内容，却写那样一类内容。

这是因为，我用了相对放松的心态和姿态。我读书更加关注体验和兴趣，更加关注实质性的感受，这种感受在体内会有一个发酵的过程。对这个发酵过程我是不设时间表的，我并不是为了写一篇文章而专门看某一类书，而是更加关注启发。

我的文章的核心点可能来自于对某一本书的感受，我会在手机上记下来这些感受及其带来的启发，以便于随时可以调用，也可能马上就写，也可能再等一等。

我会经常切换主题，比如哲学主题、历史主题、心理学主题、进化论主题、乡土小说主题、城市小说主题、推理小说主题、科幻小说主题、科普作品主题，等等。

我也可能关注一位作家，按他的创作时间一本一本地读。

我挺想向读者推荐这种方法的。

很多人只看一个作家的一部代表作或者成名作，对于那些销售量比较低、不是特别出名的作品关注得比较少，尤其是作者的早期作品。我却认为按创作时间顺序阅读作家的作品会有非常多的好处。

一是能比较全面系统地了解作者的思想变化轨迹。

二是从那些并不成功的作品中反而可能学到更多，因为那些作品包括了作家的一些尝试，很多成名作都包涵了此前不成功作品的影子。

三是可以了解作家的整个精神世界，比如他是怎么看待这个世界的，他的出发点、切入点与世界的连接点在哪里，他选择什么样的价值观。从他创作的持续过程中也能够看到这些作家的性格和品质。

四是通过一个人的精神世界可以阅读一个时代。很多作品的创作都经历了几十年甚至半个世纪，他们的作品自然是世界发展的反应，这流露在字里行间。外在世界的变化必然会影响到他们的表达方式，而外部世界的什么信息最终被折射到作品之中，我们也能够看到作者取舍的标准。我们看到的是他们眼中的世界，这是更加生动鲜活的历史。

尤其是在看一系列作家全部作品的时候，就看到一群人的精神直接的交叉印证，它们之间的联系和区别，以及真实世界和想象世界的区别。

从事司法工作特别需要了解人性，这种了解一方面需要直观的接触；另一方面需要知识的累积，包括哲学、心理学这样的知识。

最近，我越来越发现文学作品对人性的剖析其实更加深刻。文学作品虽然是虚构和想象的，但都来自生活，都是生活的投影或者折射，可以叫作人性可能性实验，它们通过一系列虚假案例或者故事的描述，来诠释人性的复杂性、多面性以及不稳定性。

没有无缘无故的坏，也没有没来由的好。真实的理由一两句话又说不清，每个人看到的是不同的面相。

司法官需要了解人性，才能作出恰如其分的判断，而了解人性除了多办案之外，自然的就是多读书。读书可以识人，可以看到人性的多种可能性和复杂性，可以提升我们的道德感受力。

我们能够更加理解人，因为我们见过了太多的人生可能。我们能够理解世界的复杂性，因为我们已经阅读了很多复杂性的不同侧面。

阅读就是通往不同可能性的基本路径。

对更多种可能性的掌握，也能够让我们提升对世界的理解力，不仅仅是表面上的理解，还能探查到表象的背后。

阅读也可以让人掌握不同的逻辑，让我们更加了解世界的多种运行方式。不仅人是不同的，世界的运行方式也存在很大的差异，也就是多样性，世界的复杂性主要就体现在多样性。优秀的书籍就是在竞相描述世界的复杂性和多样性。

文学作品和影视作品一样，过于平铺直叙难以吸引人，一定需要几次情节反转才能吸引人。这就是复杂性优势。

习惯于复杂性，为复杂性所吸引，才能够理解日益复杂的社会，才能够提高对复杂性的理解力，也就更加能够适应社会。

因此，阅读也是适应复杂性的过程。

这些体会都不是我在看书之前能够想到的，也不是看了哪一本书想到的，它就是阅读之后的不确定性产物。

这种不确定性的收获又是一定会有的，只要认真阅读。

理想最重要

一个人不够努力,可能是他不够渴望。现实有时是残酷的,理想主义能让我们突出重围。

在孩子的教育问题上,我以为理想最重要,其次才是习惯,最后是方法。

为什么说理想最重要?

因为理想是目标、是方向,也是动力。只有树立了比较远大的目标,眼前的困苦、寂寞才会变得值得,否则很难忍受。

如果不知道自己以后要干什么,那就很容易只关注眼前的利益。眼下是玩儿一点儿是一点儿,管他考试成绩怎么样,毕竟考试很远,未来就更远了。

把这些目标想得越远,就越是模糊,就越是不会关注,也就越是只顾眼前。

做作业就是这样的,想玩儿一会再做吧,最后临睡觉前也没做完。

如何保证写完作业才去玩儿呢?一方面是培养习惯,另一方面是树立目标。

不是为家长学、为老师学,而是为自己学,因此就要拿出最好的时间,按照任务的优先级排序来完成作业,这样才能提高成绩。提高了成绩,最后才能离自己树立的目标越来越近。

这个目标越是高远,付出就会越多。因为目标不一样,对自我的要求也不一样。当然,目标也不能过于脱离实际,否则也会因为不可能完成而中途气馁。

凡是目标都会有一点脱离实际,都有理想化的问题,但只要足够具体、足够确切,还是能够转化为前进的动力的。只要在前进的过程中适当修正目标就可以了。

比如,我在小学定了一个目标,可能受到动画片的启发,现在想来十分可笑,竟然是一种事关全球性目标,但当时想得还比较具体,就那么定了。

后来读了一些名人传记,发现这是不可能的,只能先从国内谈起。现在想来这些都非常不切实际,也远远超过了自己的能力极限。但正是这些看似不切实际的目标才让我付出了比旁人多得多的努力。

在努力的过程中,我们也会不断调整完成的路径和方式,这就需要对自己进行理性和冷静的判断。也就是必须非常客观地评估自己的能力,这样才能发挥扬长避短的功效。

每个人都不是完美的,岂止不是完美的,很多人还会有很多能力缺陷,有很多短板。

这些缺陷和短板有些是很难弥补的，这可能就是我们的特质的一部分。

还有些短板可以适当弥补，但如果弥补的成本太高，就不如充分发挥自己的长板，这就需要进行综合判断。

长板其实更重要，因为这决定了我们的比较优势是什么。

我对自己的判断是智力处于中等水平，但很有毅力，能够长期坚持做一件事。我的数理逻辑还行，语言能力偏弱，考试的时候，我就要扬长避短，要讲究时间管理的经济学。

但在后来的职业中，使用数学的机会很少，反倒是阅读写作对我帮助比较大。

这还是发挥了我持之以恒的特质：既然我不是一个天才型的选手，那我就要做一个勤奋型的选手。

而且，我是一个相对理性的勤奋型选手，我对自己的路径规划比较清晰，明确了一个特定的目标，认准一件事，有计划、有目标，然后就是一直坚持做下去。即使短期见不到成效也不着急，因为我有长远的目标，我对过程的长期性以及可能发生的量变向质变的过程有比较清晰的认识，所以我有这个耐心。

关键是我的比较优势决定了这对我来说可能也是一个最合理的目标，我也没有特别多的选择。

因此，即使在这个过程中可能有一些干扰项或者杂音，我也能够屏蔽掉，我是做过严谨的理性考量的。我也不是蛮干，虽然肯定有得有失，但也肯定有快有慢，我知道自己在干什么，这是最重要的。

现在有一些年轻人比较推崇躺平,我认为主要还是没有自己的长远目标。

之前很多是家里人给规划的,现在有了工作"上岸"了,就突然感觉到头了,一下子躺到沙滩上。这就像抢滩登陆,好像到了岸上就是胜利了,其实这只是刚刚开始。

上岸的人应该停下来想想以后,这个以后不是五年、十年,而是职业的终点,甚至人生的终点是什么样的?想想我们会给这个世界留下点什么?

想想我们离开这个世界五十年,一百年之后会怎么样?自己还能被记得多少,还能对这个世界产生多少影响?

这样一想,可能就不会特别烦恼眼前干的活的多少了。

人各有志,有人选择积极的生活,有人选择消极的生活。只要我们确保自己在选择积极的生活就够了。具有积极生活观念的人,一定会获得更大的成长。

虽然这个成长的速度具有一定的偶然性。比如没有那么勤奋,能力不如自己的人,职业进步反而更快。此时,抱怨规则的不公平并没有意义。规则肯定有不公平的地方,问题是规则不可能全都是不公平的,否则这个社会就没法发展了。

在很多人都认为周边规则是不公平的时候,我没有跟着一起抱怨,因为这个抱怨没有意义,解决不了任何问题,改变不了我的处境。

我能够做的就是在不公平的规则堆里寻找一些相对公平的规则，然后抓住这些公平的规则发展自己。也就是选择做一个乐观的人，做乐观的人的前提是要保持思维的开放。

发展的路径并不是单维度的，不是只有眼前这几条路，一定是多维度的，我们要敢于想象那些别人看不到、不在意的路径。这样就能够确保东方不亮西方亮，为自己开拓更广阔的空间。

多维度的发展可以帮助人突破眼前的玻璃天花板，让自己的努力在更大程度上被看见、被认可。也就是用远方的、更大范围内的规则来影响眼前的规则。

所以，只要努力就一定可以被看见，就一定可以有用武之地，只要不是过于思维定式，就总是有办法。

关键还是树立长远的目标，才能克服眼下的懒惰、颓唐、焦虑和失败主义情绪。

一个人不够努力，可能是他不够渴望。

现实有时是残酷的，容易把人给困住。理想主义能让我们突出这个重围。

相信相信的力量

强调管理的同时,还要不断强化相信的力量,强化自律型司法官对信任的确信,通过价值观、程序等方式,表明信任多于不得已。

这是泰戈尔的诗《相信相信的力量》,其中一部分内容是:

不是孩子长大了,

你才信任孩子。

而是你信任孩子了,

孩子才能长大。

这是一种非常朴素的价值观,非常有力量。

我从小就感受过这样的力量。

小时候,因为我妈上班的地方远,需要很早起来赶班车,所以晚上要早睡。

那时候,小学的作业多,很晚才能写完,也需要家长对照答案检查并签字确认。

我妈每次都是先在空白的试卷签上字,就先睡觉了。然后,就由我一个人自己做卷子，然后自己对照答案检查。

在这种无人监督的情况下，必须遏制住自己照着答案抄的冲动。

正是因为信任，我才更加不好意思抄，即使做错了、不会做，也坚持自己批改。就把自己想象成家长。我觉得是信任让我学会了对自己保持诚实。

有句俗话说得好，叫穷人的孩子早当家。因为家里穷，没有条件溺爱，还要早早地承担家庭责任。与其说是过早地承担家庭的负担，不如说也是很早就会收到父母的信任，可以独当一面。

反观现在的孩子，家里条件好了，车接车送，报各种辅导班，安排一名家长专职陪同做作业……呵护越是无微不至，越是让孩子没有责任心，没有责任感……家长也会越来越不放心。

学校也是一样跟着不放心，还时不时地对家庭提出一些要求，让家长管得越来越多，结果孩子越来越烦，大家越来越操心，效果却越来越差。

这就是不相信相信的力量，总是相信看护的力量，总是强调要看着、看住，一眼不差地盯着孩子做事情。

可能并不是穷人的孩子早当家，而是放手的孩子早当家，就像泰戈尔说的：你相信孩子了，孩子才能长大。

穷人家的孩子为什么能早当家？因为实在是没工夫管，是不得不放手，不放手不行。

就像我妈，她要是等我做完再批改，那就太晚了，她早上就起不来了，就赶不上班车了。赶不上班车，也没有其他交通工具，就会旷工扣钱，还会影响奖金。

也不是不想看着、盯着，而是没有现实条件。

当然了，我把它理解为一种信任，是因为我这个人凡事都愿意往好的方面想。这里有不得已的因素，也有信任的因素，但我选择相信是信任的因素，这样让我感到很自豪。

因为，这能说明我是一个诚实的孩子，我有被信任的资本。

这促使我在学校里也尽量做一个值得信任的学生，老师安排的各种作业、各种事情我都愿意尽心尽力地做好。

这也成为我的一种习惯。信任可以促使诚实成为一种习惯。

为什么在司法系统中，在大院成长得更快？

因为大院的案子太多了，领导们不可能完全管得过来，他们必须学会放手，相信自己的司法官能够相对独立地办理案件，甚至说是让他们尽量独立地办理案件。

就像穷人家的孩子一样，他们要分担单位的负担，他们必须学会独当一面。

所以，同样是司法责任制，案件数量越多的院放权就越多一些，案件数量越少的院管得就越细。

案件数量少的院不仅案件少，司法官经验积累得少，而且还不能充分放手，所以成长的机会也相对比较少。

从另一种意义上讲，大院的司法官是被迫快速成长起来的。

也不是谁真的相信了相信的力量，其中也有"不得已"的原因。如果能够增加相信的力量会更好，反正都要放手，与其不情不愿，不如干脆一些。

因为你只能相信相信的力量，舍此并无其他选择。

对于司法官来说，也有两种反应。一种是不管是不是被迫放手，都把它理解为信任，珍惜这种信任，对得这起这种信任，从而加速自己的成长；另一种是就把它当作不得已，然后不对它负责，从而影响案件的质量。

有时候确实发现，大院因为放手多，或多或少会出现一些案件质量的问题，有的就是司法官没那么注意，罔顾了单位的信任。只是再怎么强调，我们也知道大院还是管不过来，这是与小院存在本质差别的结构性问题。

所以，在强调管理的同时，还要不断强化相信的力量。

我们强化那些自律型司法官对信任的确信，要通过价值观、程序等方式，表明信任多于不得已。

就像我妈给我签字的时候说，孩子你自己检查吧，妈不看了，妈给你签字，妈要早点睡，你也早点弄完早点睡。而不是说，我要睡觉了，我不管你了，你自己看着做吧。还要我签字？那我给签上吧，我告诉你，你别抄答案啊，要让我知道你抄答案，看我怎么收拾你。

明明是不得已，加上了信任的温度就会激发内心的一些道德自律，如果摆明着只是不得已，而不是信任，就会让人感觉心里没有那么舒服，甚至有一种就想抄答案从而对抗一下的冲动。

为什么有些管理方式会激发更多的反管理？很可能是这种管理方式本身就需要反思一下。

管理的前提是尊重，而不是居高临下的颐指气使；管理的前提是理解，而不是不管对方的死活，只要结果；管理的前提是鼓励，因为所有的外因都需要通过内因起作用。

在不得已需要放手的情况下，必须更加发挥尊重、理解、鼓励的作用。让司法官感受到是因为自己的人品、人格和能力赢得了充分的信任，自己不能辜负了这种信任，尽量不把案子搞砸了，否则就对不起这份信任了。

而且，在这种从他律到自律的过程中，司法官当然也更加容易获得成长。因为他在这个过程中学会了自我管理和自主学习，这种状态比任何盯着、看着都有用。

像司法工作这种创造性劳动是怎么盯都盯不住的，归根结底还是把人用好。

对于那些不是那么自律的司法官，应该怎么办？是不是牢牢盯住？好像也不行。

每个人的自律程度是不一样的，但是合格的司法官基本具备最起码的自律性。只要将这个最起码的自律性发挥出来就可以了，只要他们足够自律，偶尔发生一些小问题，那也只是能力问题，应该鼓励和引导，帮助他们提升能力素质。

不那么自律，对业务不那么精通的司法官，也可以通过引导+信任的过程，让他们感受到比以往得到更多的信任。

信任的力量在于它是一种自我实现的预言，你越是相信他能办好，他也就会相信自己真的能办好。你越是不相信他，他自己也会变得越发不自信。

所以，与其打压一个人的自信心，不如逐步地给予他自信心，让他不断挖掘自己的潜能，在有限的能力范围内做得更好。

不同的司法官的业务能力和责任心总是有差别的，因此他们的办案质量也必然参差不齐，能够胜任的案件复杂程度自然有别，那就可以通过专业化的分工让他们各尽其能。

更加自律自觉、自主学习能力更强的司法官当然应该办理更加重大复杂的案件，那些自律性需要加强的人可以从稍微简单的案件开始，这样对他们自己也是最好的安排。然后根据业绩表现适当进行轮岗，就可以发挥横向激励的作用。

每个人能够获得的信任肯定是不一样的，这个信任度是自己赢得的。

信任不仅是一种力量，还是一种事半功倍的管理方法。

养育本身就是最大的收获

我们养育他的目的,不是让他成为我们设定的人。他能走自己的路,我们只能给他必要的指引。路还得自己走。

最近看了电影《我的姐姐》,眼泪止不住地流。

对我触动最大的还是抚养本身的意义,虽然这可能不是这部电影的核心要义。

自从有了孩子,我和爱人也时常讨论这个问题,有时候甚至还很激烈。因为对抚养的意义的认识直接影响到教育的方法、对学习成绩的期待以及成长的路径设计。

我爱人时常苦恼。孩子学习成绩不好,让他学习还有意见,甚至不服从学习安排,经常掰扯作业安排的合理性,甚至出言顶撞。这还得了!以后还能指望他什么?早知道这样就不生了。

我问:你的指望是什么?

她说:当然是养活我们啊!

我说我不指望,而且我们也不应指望从我们的养育中得到回报,那样岂不是太功利了?

我说养育本身就是最大的收获。我们生他养他，确实不容易，但他不是也在陪着我们吗？孩子是夫妻之间最重要的纽带，和我们朝夕相伴，保持家庭的稳定和团结。而且，他是我们之间生物学上的纽带这一点，比任何法律关系都牢不可破。

虽然陪他学习陪他玩很辛苦，但是我们也有了为人父母的体验。至少在他成年之前，他会一直待在我们身边，分享我们的喜怒哀乐，成为我们生命中不可分割的一部分。

你觉得陪他睡觉很烦，但是当他拒绝让你陪他睡觉的时候，你又会多焦虑？这好像就是对你的惩罚。因为陪伴本身就是奖励，就是收获。

孩子有自己的命运，虽然我们可以给他创造条件，督促他，但是根本上还是他自己的成长，这是我们不能决定的。这也是生命最有意思的地方，他继承了我们的基因，像我们却不是我们。我们说什么，他也只是有选择性地接受，他有自己的判断，因为他是人，有独立的人格。每想到这一点，我就觉得很神奇，也特别有意义。为什么总是觉得孩子应该对父母绝对服从呢？没有人会对其他人绝对服从，这根本办不到。

我尝试给他推荐很多书，都失败了，我只能投其所好，抓住时机，才能有所收获，最好是让他自己选择。我在给他推荐这些知识的过程中，越来越觉得要顺其自然，要激发他内心的动力。

你看他对自己喜欢的领域，比如现在的昆虫，之前的恐龙，还有一度的侦探、科幻、神话、百科知识，都是极端痴迷的，可以连续每天听十个小时感兴趣的音频课程。有一次在西山，他还和一个农业科技公司的工程师聊了半天昆虫问题，他甚至知道蜡类昆虫的口器是折叠在身体里的，工程师都表示叹服。

我爱人不同意我的说法。毕竟，现在考试也不考这个啊，这个对提高学习成绩几乎没用。如果学习成绩不好，连大学都考不上，什么也研究不了。老师都说了，这些爱好，应该是长大以后再培养的，现在就是要抓学习。孩子都是你惯的，净研究一些没有用的东西。现在就是太分散精力了，成天就知道昆虫，所以上课才不专心，做作业才不用心，让他多写几遍就跟我嚷嚷，这么小就跟我嚷嚷。

我是觉得现在的教育模式有问题，这也太应试了，不过也没办法。孩子是觉得现在学这些东西都太简单了，激不起他的兴趣。我想说的是，他研究这些东西不是没有意义的，我跟他说你要研究生命科学，只有几所特别好的大学才有实验条件，他不努力学习，就研究不了这些。你看那些昆虫的名字多生僻，好多字我都不认识，他自己不是也搞得很清楚吗？而且学什么不是学啊，要研究好昆虫生物，没有数学知识，没有复杂的思维逻辑，不认识那些生僻字根本研究不了，这本身不也是在促进他学习吗？你逼着他学能学多少？他自己学能学多少？还是要激发他的内生性动力。

最重要的是，我们养育他的目的，不是让他成为我们设定的人,他会走自己的道路,我们只能给予他必要的指引。路还是得自己走,只要对社会有用,健康快乐就够了。不要指望我们的付出一定会有多大的回报。

养育的最大要诀就是只问耕耘不问收获,其本质是在为社会作贡献,而不是让我们自己有多大收获。这样你就想开了。

而且,进化论最大的启示是进化是没有方向的。你怎么知道他研究这些东西以后是不重要的呢,他原来对恐龙感兴趣,现在是昆虫,最近又对病毒和细菌感兴趣,他都能区分病毒与细菌的差别,他不是还要发明疫苗吗?不过,他说的是利用蝙蝠对病毒的适应性,与人体结合,开发一种对所有病毒自动免疫的疫苗。还说过将纳米机器人植入人体以应对病毒的攻击。

老师说这些兴趣都不重要,我认为老师讲得不一定对,这个观念有点狭隘了。如果不以兴趣来引导学习,那最后培养的尽是"做题家"也不行啊。

你看我给他引向的恐龙和昆虫这些兴趣点,我自己根本都没有时间研究,但他自己就能够钻研得很深,拿不同的资料做比较,指出一些书籍的错误,这不就是一种研究吗?现在他看到户外的虫子基本都能分辨出来了,上次去看昆虫展还给别人做讲解,这本身也给了他信心,让他愿意与别人交流。

这些兴趣和方向虽然是我引导的,但都不是我能够预知和确定的。养育的最大乐趣就是不确定。

如果把确定性作为唯一的标准,并以此树立所谓的目标,当目标无法实现的时候就会感到焦虑。但是如果不设定特别明确的目标和路径，只是追求快乐、健康、好奇心这些模糊的目标，就会发现其实处处是惊喜。

我觉得只要求知欲在，即使考不上好大学，甚至考不上大学，都没关系，都有机会做一个有用的人。而且他有这么强烈的求知欲，怎么可能任何大学都考不上呢？再说了，现在社会多元化了，教育的机会很多，只要想上大学，总是有办法的。更不要说二十年以后的世界了，你能想象未来会变成什么样吗？

也许未来我们还真要靠他了呢，生命科学在未来得有多重要？这简直难以想象，需要天马行空的思维。那时候就不仅仅是养活我们的问题了。而且，我们也不需要他养活，我们能够养活自己，我们都退休了，他才刚上班，能养活我们什么？而且靠人不如靠己，养孩子也一样啊。

当你不去想他以后能有多大出息，能怎么孝敬我们，能给我们带来什么回报的时候，你不就解脱了吗？

开心就好，我们不就是想让他能够跟从自己的内心吗？

而且，有了他的陪伴，我们的开心也增加了啊。你看《我的姐姐》里，最后为什么姐姐要把弟弟要回来？因为她觉得陪伴本身就是有意义的，虽然是很难、很苦、很累，但是很踏实、很充实、很温暖。这本身就抵偿了付出，并不是一定要弟弟以后对自己怎么着。

就算养个宠物你也得付出啊，你图的是什么？你要的不就是陪伴吗？养孩子也一样，其实也就是个伴儿。即使以后他养你，主要也不是物质意义上的，仍然是精神意义上的陪伴。即使他不在你身边，也总是会有情感上的依恋。

我说的这个陪伴就是情感上的依恋，就是对你的需要，对你无原则的信任，需要你绝对的保护，对你情感的反馈，与你的交流，发自内心的为你考虑，跟你不离不弃地待在一起。这样才能让你成为父母，让你有不同的生命体验，让你有了一份牵挂，让你觉得活着更有意义，也让你有了一份安定。这是一辈子的事。

虽然你烦他，但出差没几天就会想他；虽然他气你，但他生病时、睡觉害怕时还是需要你。这到底是义务、付出，还是回馈？

他望着你的眼神就是对你的回馈。

当命运把我们逼到角落

谁也依靠不上,更没有任性的资本,所有的努力,必须按照这个方向来。必须将命运押在努力上,除此之外,我无所依凭。

谁的人生都不是一帆风顺的。小学六年级就是我一段昏暗的时光。

在那一年的时间里,我先后经历了父亲因重病离世和不少同学因为事故离世。我在医院和葬礼间往返,眼见绝望的学生家长一次次砸碎学校的玻璃。我在彷徨和动荡中度过了小学最后的时光。

和一些过来人的感受一样,那些伤痛不是一次性的,它们会有一个潜伏期,忙乱结束之后才会慢慢发作。

伤痛之后,我要慢慢理解什么是世态炎凉。不得不承认,当时,很多社会关系是以男性为中心构建的,一旦男性家长离世,这个家庭的社会关系也会随之慢慢崩塌。虽然表面上还会留有余温,但我知道那些情感是从里面开始凉的。

人们当然是现实的，我们必须承认，就连友谊的前提也有一部分是利益交换，从孤儿寡母身上又能得到什么回报呢，谁知道以后这个孩子能怎么样呢，而且等他成长起来还需要太长时间，很少人有这个耐心。

即使从超越利益的抽象友谊来看，也是需要共同的情感经历的，而我与其他人并没有这种共同的经历。我在别人的心里，只能算是一个念想。

我逐渐感受到、体悟这些情感变化和外界环境的变化，包括自身责任的变化。因为在葬礼上，以及后来的探望中，人们也是习惯性地、客套性地赋予我某种成年男性的角色和责任，他们会说：以后家里就靠你了啊，得顶门立户啊。

不管他们是怎么想的，但我真是往心里去了。这种环境是无法改变、无法逃避的。

虽然有时候我也会问自己，为什么是我呢，我准备好了吗？

虽然还有一些孩子气，但发给谁呢？一个是已经离开的人，一个是还在伤心的人。

我还是要回到现实中来。多想想活下来的人，想想以后怎么办吧。

老师说，这个孩子挺聪明，但语文不太好，以后可能考不上大学。

考不上大学，就要在本地就业，就要走向社会。对此我很害怕，我不是社会人，我不太敢过早走向社会。而且根据我们家的条件，在当地根本找不到什么正经工作，我心有不甘。

那怎么办呢？

那时候，我上课经常走神，为了不让老师担心，也不让我妈担心，我就经常以假装看课本的方式走神。有时候只是茫然地不知向何处去，有时候确实是在冷静思考。

我在思考我这一生应该怎样度过。这道坎儿我必须跨过去。

我被命运逼到角落里，但我不甘心。

不管怎么样，我决定不能随波逐流，我必须掌握自己的一生。因为有人说，在海上，如果没有方向，那么走的每一步都是错的。

我必须要彻彻底底地想清楚，我到底要去哪里，要怎么度过。

至少，我不想沦落为一个小混混或者窝窝囊囊度过一生，我一定要走出去，干出一番事情出来，因此我要上大学，我一定要走出去。

那么，我靠什么走出去，靠什么上大学呢？那个时候大学的录取率还非常低。

那我首先要上一个好一点的初中，然后再考一个好的高中，在高中里成绩非常靠前，才能争到非常有限的录取机会，如果考好的大学成绩就要更好。

我当时谁也依靠不上，更没有任性的资本。我所有的努力，必须按照这个方向来，我必须将命运押在自己的努力上。除此之外，我无所依凭。

我的数学成绩还行，全部的问题就是语文。我小学的时候语文成绩不好，一是因为我的发音有问题；二是我也不喜欢机械记忆，不愿意背生字和诗词；三是我认为语文很简单，生字越学越少；四是我不喜欢记叙文，因为记叙文经常要写一些好人好事，但我确实没做过，也不太愿意编造。

现在想来当时还是任性，还是觉得有所依凭，对学习成绩不着急。内心里觉得学习还是给家长学的，没有跟自己的利益明确挂上钩。

直到命运把我逼到这个角落，我才突然发现学习是唯一的救命稻草。因为很多事都需要求人，求人也不一定求得到。求人不如求己，学习就是求己。现在只能求己，那就唯有学习。这样反而简单了。

学习现在不是为了家长了，家里根本都顾不上我了，都觉得因为悲伤影响学习是可以接受和理解的事了。这种放松的要求让我更加产生了危机感。成绩的事只有自己真正在意了。

因为考大学在当时还是比较难的事，家里人也没有抱那么高的期待。有一些人认为，现在就挺努力的了，如果实在上不了也就认命吧。

但我绝不认命，我也认不了这个命，我无法接受他们所说的那个命运结果。对我来说当时的劲头与其说是懂事和上进，不如说是求生欲。

我想好好的活下来,那除了学习这一条路,别无他途。我是为了生存而学习。

所谓的学习这一条路,也归结成"主要是把语文学好"。

为此,我强迫自己每天多背一首古诗词,多看课外书,学习写日记,练习写古体诗,进而填词,参加班级的黑板报活动和演讲活动。

为了更有力地强迫自己,我还逼自己跑步以磨炼意志。因为我发现意志力这个东西就像肌肉一样,也是需要不断练习的。如果不能按时跑步,也就不太可能按时背古诗和看课外书了。

这种强迫自己做正确的事情的内在机理其实是相通的。

后来,我慢慢知道读书其实并不是那么痛苦的事情,只是一开始的几年的启动比较痛苦。

在看课外书几年之后,我是可以从书中得到正反馈的,读书自有一种乐趣,只是我以前不知道。

在后来的学习和工作中,我也经历过一些起伏,但都没有小学六年级的时候那么难,而且我已经学到一些应对的技巧。

(1)尽量冷静地、抽离感情色彩来判断当时的形势,也可以适当高估当时的困难程度。

(2)客观地衡量自己的比较优势和资源,也可以适当低估自己的实力。

(3)确定一个合理而具体的突破方向,可以对长期目标进行拆分。

（4）坚持住这个方向，即使在相当长的时间看不到起色，也要保持住战略性的定力，一条道走下去，相信长期主义的力量。

（5）不要把希望寄托在别人身上。

记住这些诀窍，就总是能看到柳暗花明的时刻，或迟或早而已。

希望这个经验对你也有一些帮助。

一 雪

只要雪一停,几乎所有人都要去扫雪,堆无数个雪堆,最终成为一个一个雪人的前身。对孩子来说,打雪仗更过瘾,这是情绪的释放。

昨夜,北京初雪。

作为东北人,我见过很多雪。记忆中的故乡是白茫茫的,是整个冬天都不化的积雪,是一场接着一场的雪。

虽然下雪也是路难行,但总是比下雨的心情要好,也不知道为什么。

可能是雪与冷的空气结合,不会湿透衣服,没有让人感到不舒服。而且,白雪总是能够掩盖一些凌乱的东西,就像给世界蒙了一层布,让世界临时整洁和柔和起来,让我们忘记了凌乱和烦恼,在纷纷扰扰中获得片刻的宁静。

人们喜欢在雪中嬉戏,这在雨中是很难做到的。

记得很小的时候,雪下得很大,但也要上学,一个人走在路上非常艰难,穿得很多,包裹得很严,但由于雪常常掩盖了冰，所以经常在暗冰上滑倒。倒在地上并不疼，但是总要爬起来。

后来我发现，如果有一些比较长的冰，像镜面一样铺在路边，最好的方法不是慢慢走过或者绕过去，而是冲过去打一个滑刺溜儿，这是最快也是最好玩的方式。

我上中学的时候要骑自行车，如果雪下得大，骑车就会很不容易，因为看似平整的冰面下面有很多冰棱子，骑车轨迹一旦与冰棱子不一致，就很容易滑倒。这就要预判，并且在打滑的情况下坚决地把握住方向。有的时候需要冲过去，减速反而更加容易失控，这些只有体验过的人才知道。

只要雪一停，几乎所有人都要去扫雪，堆无数个雪堆，最终成为一个一个雪人的前身。

对于孩子来说，打雪仗更为过瘾。这是一种情绪的释放，有的时候只是胡闹。但有时也确实在表达某种意思，比如会故意往自己心仪的女生身上打，这表达的是什么意思呢？还有的会找自己的仇家打，这个就是有点报复的目的了。还有的就是往弱小的同学身上打，甚至搂住一个同学，让其他同学拿雪灌他脖子，这看似是打雪仗，其实是欺负人，也算是一种校园霸凌。

雪是洁白的，但它背后还是有人的影子。

用松软的雪球打人，打到人身上就碎了，那只是善意的嬉戏。

但还有一些人觉得不够劲儿，也不怕冷，脱了手套攥雪球，把雪球攥化了、攥得硬了，再打人，打到人头上"嘭"的一声，都不会碎。这种冰雪球打在人头上非常疼，因为比较硬，打得也远，打得也准，这是逞强。

还有一些人干脆用一个小石头做芯，包上雪攥硬再打，那就是不仅硬，而且沉，攻击力很强。这已经不是雪球了，这就是伪装成雪球的石头，可以说是在施暴了。这种掷石头雪球的行为几乎可以说就是蓄意的攻击了。

现在想来，我第一回跟别人打架就是因为对方用石头芯的雪球打我，我觉得这简直超越了打雪球的底线。

用东北话来说，这就下道儿了。

所以，雪的洁白，也只能覆盖一层表面。

我们关注的应该是包裹在里面的东西。

后 记

　　心悦诚服，来自于从事司法工作的感受。我们老是想让别人满意，但我们经常搞不清楚别人到底是谁，要满意到什么程度，衡量满不满意的标准到底是什么。

　　我们经常陷入一种两难境地。要么是标准过高，只要有一个人不满意，就认为案子有问题，这样司法官就会很辛苦，只能碰运气。如果没有表达不满，就似乎没问题了，但只要有一个人表达不满，就面临被负面评价的风险。要么是标准过低，完全不顾及公众的评价，从而形成累积性的不满。

　　我根据自己的司法工作经历，提出心悦诚服就是让大多数人尽量满意的标准，但不能忽视对个别人强烈诉求的回应和释明。也就是既要考虑大多数，也要照顾极少数。这个标准不仅仅针对个案，而是整体性的。因为，公众对司法的期待看似来自个案，但究其根本还是整体的。因为司法是一个系统，公众期待的是一个好的系统，而不单单是某个个案。就像我们有一辆车，我们希望它总体上是稳定的，不要老坏，但我们也不能奢望它永远不坏。我们买一辆车，不是为了某一趟旅程，而是希望它能够跟我们长期相伴。

　　本书的创作一如既往地得到了家人和朋友的默默支持，我要向他们表示感谢,同时,我还要感谢清华大学出版社刘晶编辑以及其他工作人员的持续付出,他们出版的系列书籍也是发乎真心,希望读者能够真正满意,向他们致敬!

刘哲
2025年元月于西直门